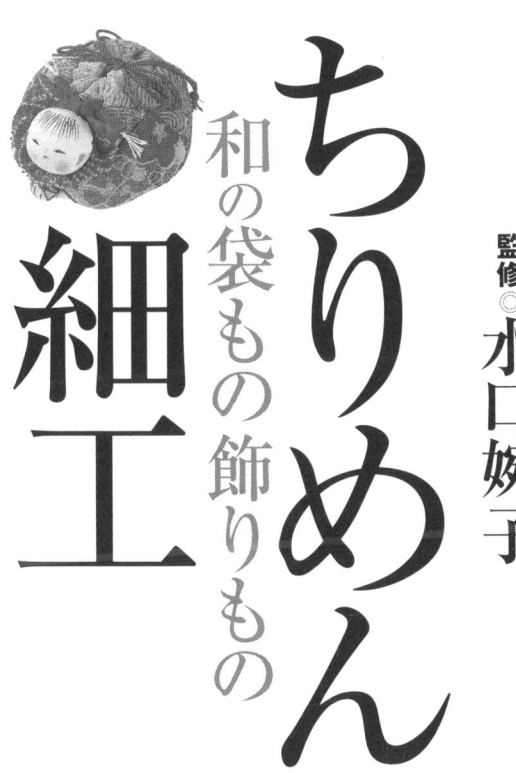

ちりめん細工

和の袋もの飾りもの

監修◎水口婉子

————明治・大正・昭和の
女性の手の技を
今に伝える————

グラフ社

ちりめん細工

和の袋もの　飾りもの

近年、小さな布をはぎ合わせて美しい模様を縫い上げるパッチワークが盛んですが、かつて日本にも、それに匹敵するすばらしい布細工がありました。美しい縮緬（ちりめん）の端ぎれで作られた、花や鳥を形どった袋、祝儀袋と呼ばれた華やかなお米を入れた袋、愛らしい人形袋など、わずかに残る当時の作品から、そのみごとな女の手仕事の技や、優雅な意匠を知ることができます。

これらのお細工物は、江戸時代に大奥の女性や、武家や商家の女性たちの手で作られ、明治、大正時代には女子の裁縫教育にも取り入れられて盛んであったと伝えられます。しかし、洋服の普及とともに、材料である着物の残りぎれが減り、また戦時中の混乱などもあって、次第にすたれていきました。

グラフ社では、それらの女の手仕事の跡をお伝えしたいと、かつて『伝承の小裂細工（こぎれざいく）』という本をまとめたことがあります。本書はその本をもとに、その後発見された当時のお細工物やその復元品を新たに加え、再編集いたしました。

明治・大正時代の女性の手が、知恵が見直され、忘れられていた縮緬のやさしい風合いにも魅せられて、何か作ってみたいという若い方の声も聞かれます。母から子へ、あるいはおばあさまから孫へと伝承されてきた技が、とぎれることなく、次の世にも伝えられるよう願っております。

目次

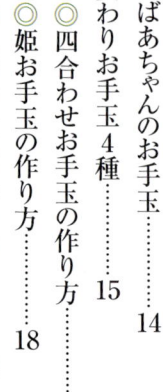

＊本書は1994年発行のハンドクラフトシリーズ『伝承のちりめん細工』を、文字を大きく読みやすいデザインに変えて復刊したものです。

＊作品は数が多いため、代表的なものを選んで解説しました。作り始める前に4～13頁、124頁をごらんください。

桜袋

桜袋を作りながら、ちりめん細工の基礎を覚えましょう

ちりめん細工は、縮緬の柔らかい風合いを活かし、小ぎれをはぎ合わせて花や鳥の袋などを作る、優雅な手芸です。着物の残りぎれを利用して、こんなにも美しい作品のかずかずを生み出した日本女性の感性や手の技に、誇らしささえ感じます。

明治、大正、昭和と、女性の手から手へ伝承されたこれらの知恵や技を、針を持つことの少なくなった平成の今日にも、受け継ぎたいと思います。

この5弁の桜袋の作り方には、そうした裁縫の知恵や技がたくさん含まれ、初心者には格好の題材です。

また本書では、裁縫の経験のない方にもらくにできるよう、作り方にも工夫がしてあります。まずは、ゆったりした気分で、写真の作り方を追いながら、まねてみてください。

紅絹 　　柄縮緬 　　無地縮緬 　　　　　　　　　鹿の子絞り

ちりめん細工の基礎

おばあさんから習った
なつかしい手作りを伝えます

布について

ちりめん縮緬は絹に細やかなしぼ（しわ）の入った着物地で、独特の光沢と風合いを持ち、お細工物には最適の布です。着物地の端ぎれが手軽に入手できない今日では、イメージに合った作品を作るには日頃からきれ集めを心がけることが大切です。風呂敷、帯揚げ、化繊の縮緬なども利用できます。

お細工物では縮緬のほか、羽二重、紅絹、白絹、鹿の子絞りなどもよく使います。

本書の琴爪入れなどに使っている布は、明治や大正時代の縮緬です。糸の撚りが甘く、しぼが小さく、色が鮮やかなのでお細工物に向いています。現代の縮緬はしぼが大きく、糸の撚りも強いので、少しかたい感じがします。古い縮緬が手に入ったら、汚れている場合には洗い張りに出すか、中性洗剤で軽く洗い、蒸気アイロンを当てます。その とき、風合いを損なわないように充分注意してください。ちりめん細工は、同じ型紙を使って、縮緬以外の絹や薄い木綿の布でも作品を作ることができます。縮緬のような光沢や柔らかな風合いは得られませんが、お手玉やパッチワークのような袋物なら、違ったおもしろさのある作品に仕上がります。

道具について

普通の裁縫道具一式があれば、たいてい間に合います。

● はさみ　布を裁断するための裁ちばさみ、紙を切るためのはさみ、切り込みを入れたり細かい物を切るための小ばさみが必要です。そりばさみもあれば便利です。

● 針　布の材質、厚さによって、絹針、木綿針などの長短を使い分けます。他に、ビーズ針、刺しゅう針、まち針なども使います。針刺し、指抜きも用意しましょう。

● 糸　普通は絹の手縫い糸を使いますが、細かい部分にはミシン用の羽二重糸も使います。顔や髪には木綿糸も使用します。他に、穴糸やしつけ用の糸も必要です。

● 接着剤　押し絵細工などに使い、アートフラワー用ボンドとやまとのりを使い分けます。ボンドは乾くとかたくなるので、布にはつけないようにします。布に裏打ち用の和紙を貼る場合は、やまとのりを水で薄めてもよいでしょう。接着剤をつけるときには竹串を利用します。

● アイロン　普通のものでも間に合いますが、細かい作業のできる小型アイロンがあれば便利です。

● 顔料など　人形の顔は、墨や顔料を使って面相筆で描きます。ほおには、化粧用のほお紅も使います。

● その他　目打ちは形を整えるとき、ピンセットは細かい布をつまむときに使います。定規や鉛筆は型紙を作るときに必要です。お細工物の上達には、道具類をよく整理しておくことが大切。特に針の扱いには注意しましょう。

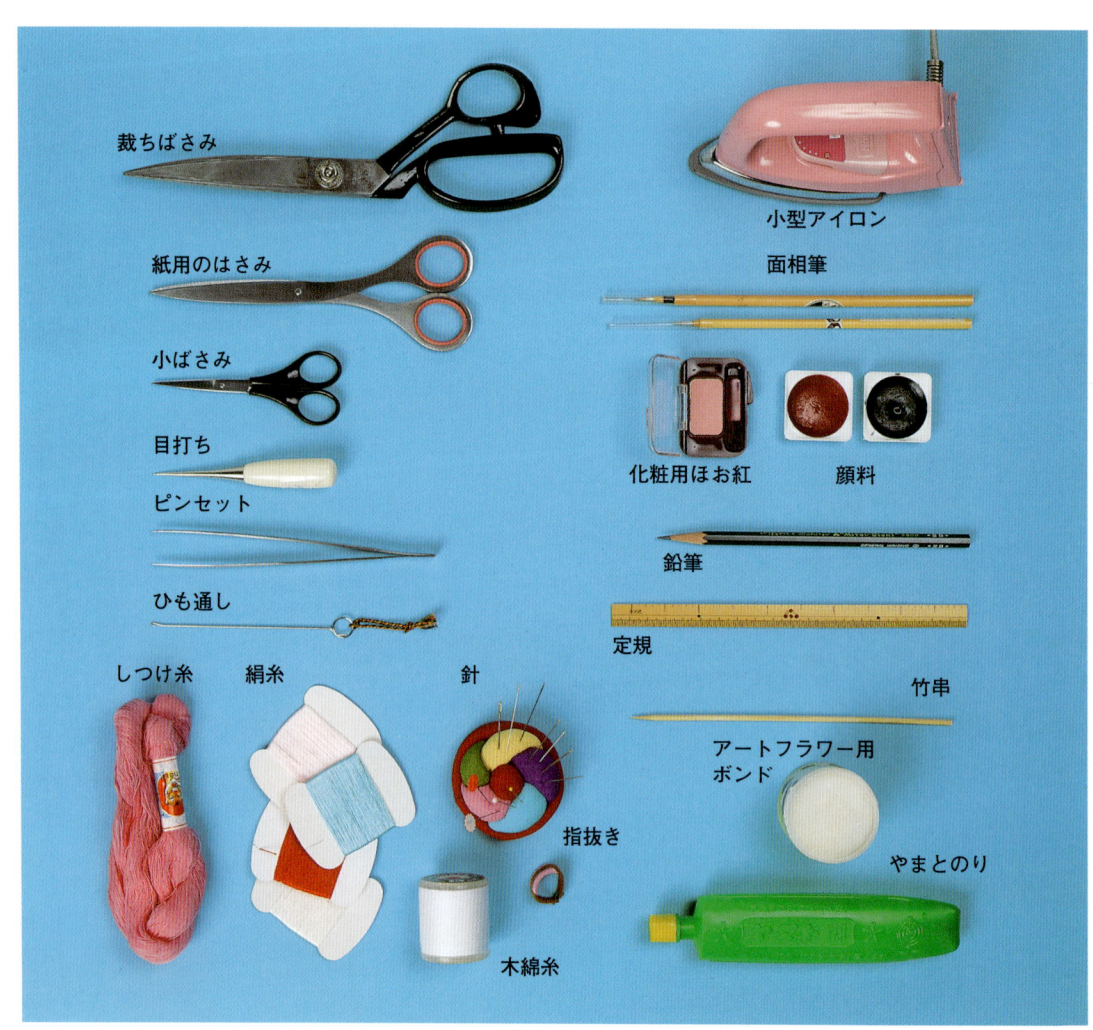

裁ちばさみ
紙用のはさみ
小ばさみ
目打ち
ピンセット
ひも通し
しつけ糸
絹糸
針
指抜き
木綿糸
小型アイロン
面相筆
化粧用ほお紅
顔料
鉛筆
定規
竹串
アートフラワー用ボンド
やまとのり

材料

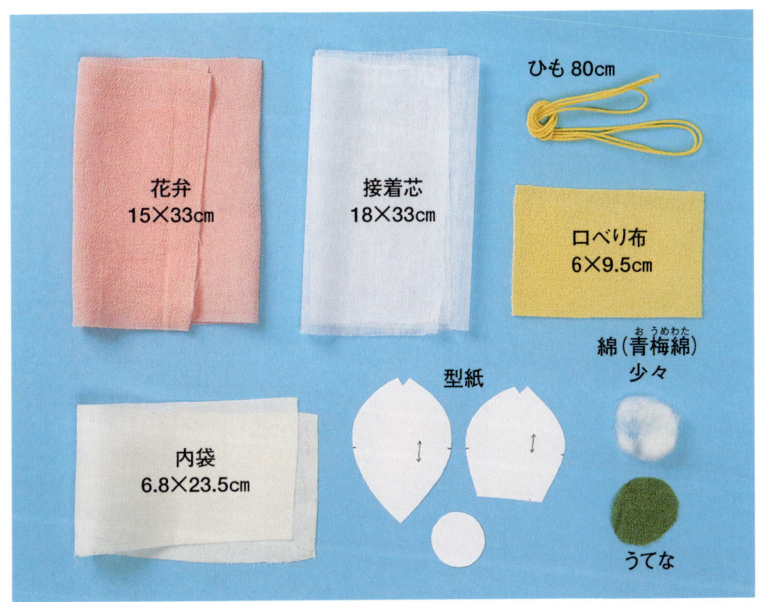

花弁
15×33cm

接着芯
18×33cm

ひも 80cm

口べり布
6×9.5cm

綿（青梅綿）
少々

内袋
6.8×23.5cm

型紙

うてな

材料をそろえます

表布は縮緬のピンク（花弁）、黄（口べり布）、緑（うてな）と、裏打ちのための洋裁用の接着芯を用意します。内袋用には、表に色が写らない薄手の布を使います。ひもは細めの打ちひもなどを使います。型紙は紙に形を写して切り抜き、布目、合い印を書き入れておきます。作品名、必要枚数、縫いしろの有無も書いておくと万全です。
◎作業に入る前には必ず手を洗います。

1 縮緬を接着芯で裏打ちします

1─変形しないように、花弁と口べり布の縮緬を裏打ちします。昔は縮緬の裏に和紙をのりで貼りつけていましたが、洋裁用の接着芯を利用すると手軽に扱えて便利です。貼り方は、布の裏面を上にアイロン台に平らに広げ、接着芯をのせてしわが寄らないように気をつけながら、中温のアイロンで軽く押えます。

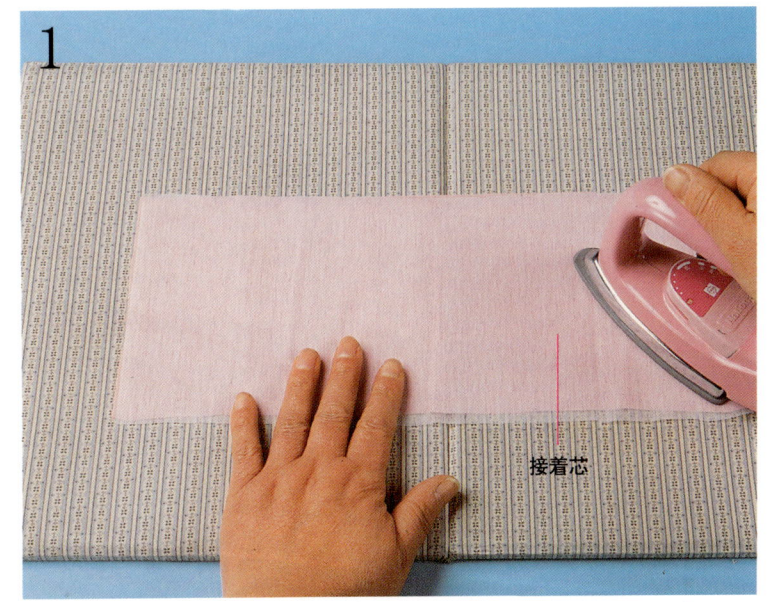

接着芯

2 型紙を布に写します

2—この型紙は縫いしろなしの型紙ですから、縫いしろ0.4cm分の余裕をみて、布の裏面に布目（←→）を合わせて型紙を置きます。表側と裏側の花弁各5枚、うてな（がく）1枚を鉛筆で書き写します。縫い止まりの合い印も、忘れずに写します。

◎—型紙については、28頁・124頁も参照。

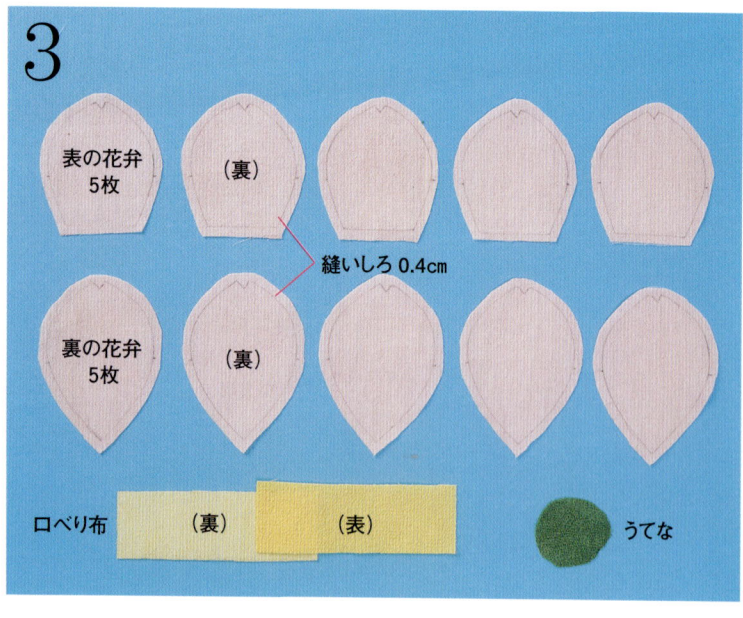

3 縫いしろを加えて布を裁ちます

3—裁つ前に型紙の向きや必要枚数を確認し、型紙に縫いしろを0.4cmつけて裁ちます。口べり布3×9.5cm 2枚、内袋6.8×23.5cm 1枚は、縫いしろ0.4cmを含んだ寸法に裁ち切ります。縫いしろは、作品の大きさによって0.3～1cmに加減します。

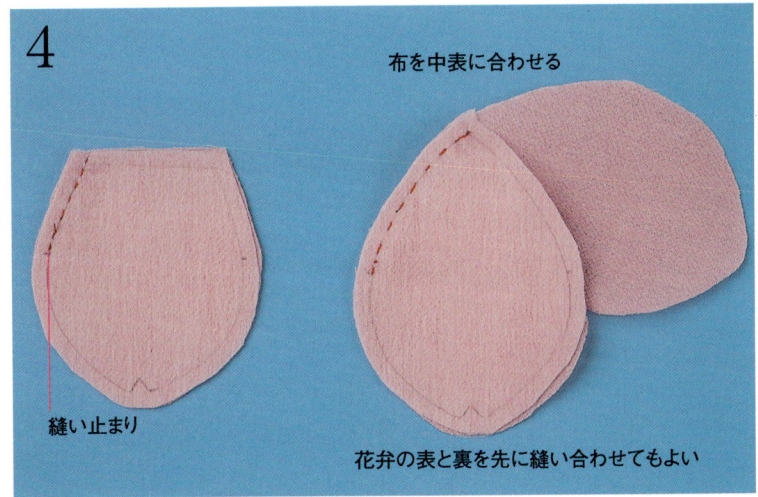

4

布を中表に合わせる

縫い止まり

花弁の表と裏を先に縫い合わせてもよい

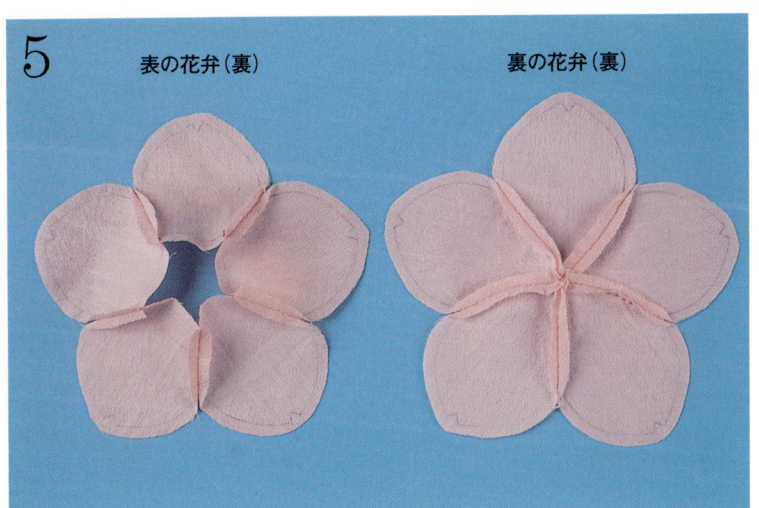

5

表の花弁（裏）

裏の花弁（裏）

4 花弁を縫い合わせます

4—隣り合う花弁を中表に合わせて角と縫い止まりにまち針を打ち、1本どりの絹糸で縫います。縫い方は糸の端に結び玉を作り、最初と最後の1針を返し針し、細かい針目でぐし縫いします。

5—5枚の花弁を縫い合わせて輪にします。次に表と裏の花弁を中表に合わせ、裏の花弁を少しいせ込むようにして周囲を縫い、角で返し縫いをします。花弁のとがった先は1針縫い残し、その前後を返し縫いします。こうすると糸目が見えず、きれいな仕上がりになります。

【おことわり】

作り方解説の写真では、実際には白糸を使う場合でも、わかりやすいように色糸を使ったり、粗い縫い目にしています。

実物大型紙

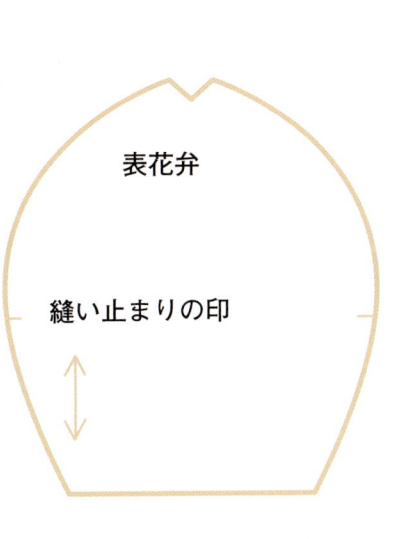

表花弁

縫い止まりの印

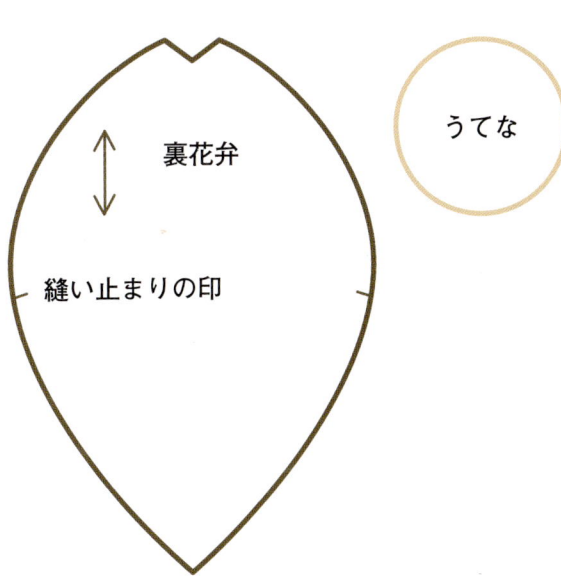

裏花弁

縫い止まりの印

うてな

8 アイロン

6 切り込みを入れる

9

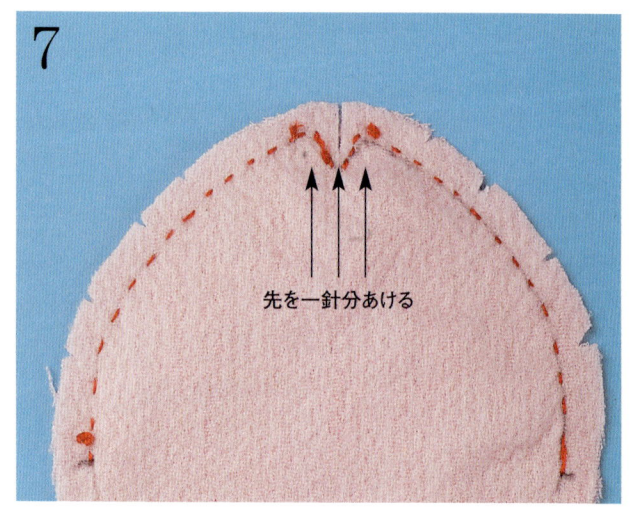

7 先を一針分あける

5 縫いしろを整え、表に返します

6〜7──縫いしろのほつれや余分を切り落し、角や
曲線部分に切り込みを入れます。梅のよう
に丸みのある花弁は、35頁のように縫いし
ろを縫い縮めます。

8──縫いしろは、中央は割り、周囲は表花弁側
に倒してアイロンで押えます。

9──あけ口から表に返します。針先などで花弁
の形を整えます。

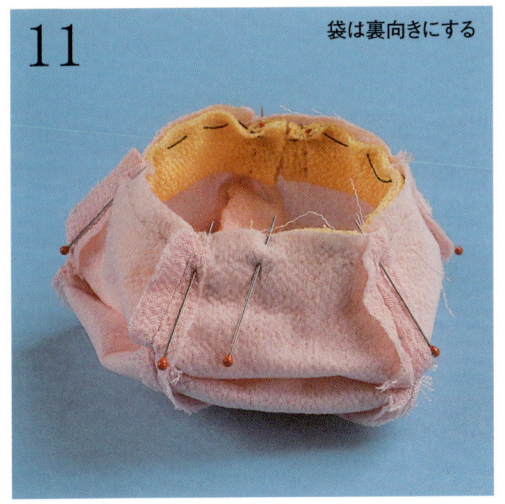

11 袋は裏向きにする

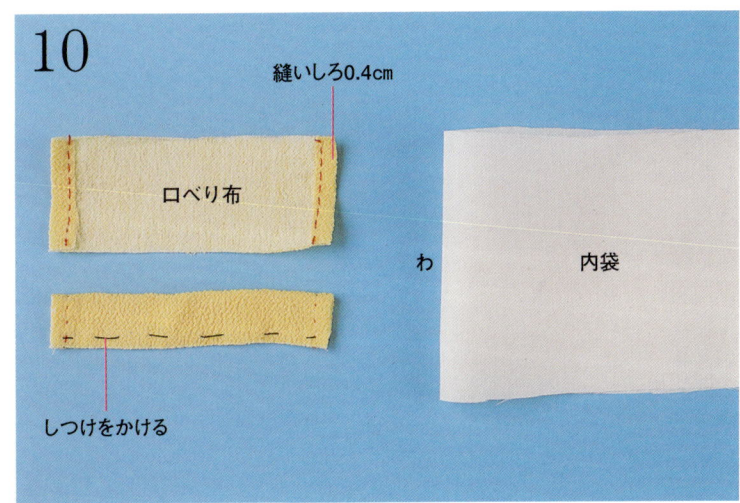

10 縫いしろ0.4cm

ロべり布

わ 内袋

しつけをかける

6 ロべり布をつけます（内づけ）

つけ方には「内づけ」と「外づけ」（27頁参照）がありますが、ここでは内づけにします。大きな袋の口べり布は、幅を広く、両端の縫いしろも三つ折りにします。

10—あけ口に口べり布を当てて長さを確かめ、両端0.4cmを裏に折り、折りしろを細かく縫って始末します。二つに折って、0.2cm端にしつけをかけておきます。

11—ひもの通し口の位置を決め、袋を裏返します。あけ口の両側の周囲に、口べり布をまち針でとめ、しつけをかけます。

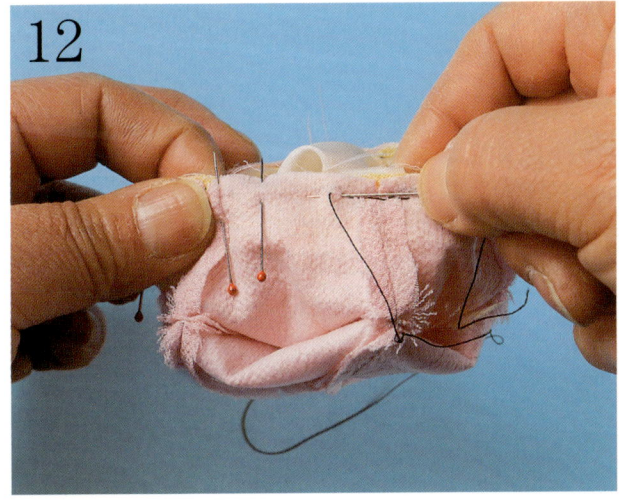

12

7 内袋をつけます

12—内袋は中表に二つに折り、端を0.4cmの縫いしろで縫い、輪にします。裏向きにした表袋の中に内袋を中表に入れ、余った布を5か所に分けてタックをとり、口べり布の上にまち針でとめます。

13—表布、口べり布、内袋が重なったあけ口を、半返し縫いでしっかりと縫います。

13

16　五つめ

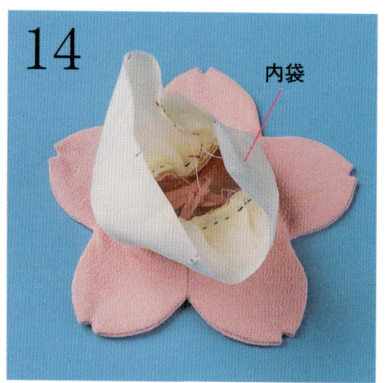

14　内袋

8　内袋の底を始末します

14─袋を表に返し、内袋を引き出します。

15─底を5等分して表から1針ずつすくって糸を輪にします。

16─布端を中に入れ、ひだを同じ方向に倒して、糸を引きしめます〈五つめ〉。

17─内袋を袋の中に入れ、同じ糸で袋の底に縫いとめます。

17　内袋

口べり布
幅約1cm

15

19　うてな

18　糸を輪にする

綿

9　底にうてなをつけます

18─うてな（がく）のまわりを0.3cmの縫いしろで細かく縫い、糸を輪にします。中に薄く綿を当て、糸を少し引きしめて丸く形を整えます。

19─裏側の中心にうてなをまつりつけます。

ひもを切って輪に結ぶ

綿

10 ひもを通してでき上がり

20─ひもを二つに折り、折り山を口べり布のひもの通し口から中へ差し込み、1周させて外へ出します。

21─ひもの折り山を切って2本にし、ひもの端同士を結んで輪を二つ作ります。

22─1本のひもを反対側にまわして、2本のひもの結び目が左右に出るようにします。

23─中に綿を入れて形をふっくらと整え、ひもを蝶結びにします。

この桜袋を応用して花弁の形を変えると、33頁の梅袋やききょう袋ができます。

おばあちゃんのお手玉

製作◎林芳江　作り方16〜18頁

お手玉

お手玉は
なつかしい手作りおもちゃ。
お母さんやおばあちゃんが、
一針一針愛情こめて
縫ってくれたお手玉は、
いくつになっても忘れがたいものです。

おなじみの四枚はぎのほか、
ちょっと変わった
お手玉も集めてみました。
縮緬のお手玉は
飾っておくだけでも素敵です。

四合わせお手玉の作り方——口絵14頁

おひとつ、おふたつ…おさらい…

國分綾子

お手玉は好きな遊びだった。今でもあの感触は忘れない。

几帳面な母が長方形の布を縦、横、片身代わりに配色よく合わせ、きれいな角を見せて作ってくれたのを、大切にして遊んだ。中身もいろいろだが、滑らかで大きさ、堅さ、音もいいのは小豆だった。放り上げ、受け止め、くぐらせ、繰り返し、しなやかなお手玉上手がいて、見事だなあと見惚れていた覚えがある。

お手玉の思い出は、ともすれば母につながっている。私や妹のきものの端布、母のちりめんの半襟などを、寸法に切って四枚ひと組、形よく縫い合わせ、数珠玉の実を入れることもあった。お遊びがすむと、小筥に入れて持って帰り、玩具箱の片隅に。大切な財産だった。

お裁縫が上手で、お琴を弾くのが好きな母であった。遠い昔の話である。

詰め物は虫食いの小豆を利用するのが常ですが、数珠玉や米なども使います。豆は煎ったり湯通しすると、虫食いの予防になります。

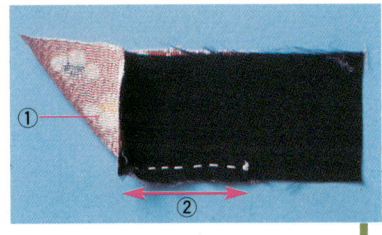

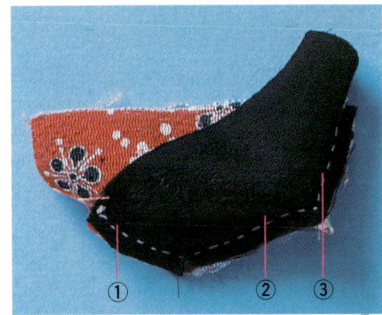

①→②→③の順に追う

半分を表に返したところ

布は 5×9cm 4枚

詰め口

·4·枚·を·合わせて作るお手玉

●材料

布（縮緬や木綿）　小豆（1個分20〜25ｇ）

●作り方

1─配色を考えて、長方形の布を4枚裁ちます。

2─2枚の布を中表に直角に合わせ、0.5cmの縫いしろで、写真の①②③の順に細かく縫い、これを2組作ります。

3─中心が十字になるように2組の縫い目を合わせ、返し口を残してぐるりと縫います。

4─表に返し、小豆を詰めます。

5─詰め口をかがり、口を閉じます。

姫お手玉の作り方
——口絵14頁

● **材料**
縮緬（ちりめん）　白布＝頭　小豆（あずき）　綿　鈴

● **作り方**

1—白布の周囲を直径5cmにぐし縫いし、綿を詰めて糸を引きしめ、直径2cmの頭を作ります。

2—胴の布を中表に二つ折りにして輪に縫い、頭を折り山側に差し込み、顔半分が表に出るように縫いとめます。

3—底を縫い絞り、袋にします。

4—表に返して詰め口をぐるりと縫い、小豆を詰めます。縫いしろを中に入れて糸を引き、詰め口を閉じます。

5—顔を描き、あごの下に鈴やリボンをつけます。

側面

底面

綿

白布直径7cm

頭

胴7×17cm

底

0.5cmの縫いしろ

小豆を詰める

顔をかわいらしく描く

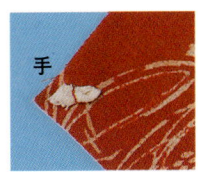
手

● 材料
縮緬（柄物、白）　綿　小豆

● 作り方
1 ─ 頭の布を直径５cmの円形に裁ち、周囲を縫い絞って中に綿を詰め、顔を描きます。

2 ─ 手は２cm角の布を２枚裁ち、58頁の要領で折りたたみ、手首を糸でとめます。

3 ─ 胴を10cm角に裁ち、対角に手先を中心に向けてとめつけます。

4 ─ 胴を三角形に折り、上部の角を残して両側６cmを縫い、表に返します。

5 ─ 頭をはめこみ、後ろの角の布を折って顔のまわりをまつります。

6 ─ 前の口から小豆を入れ、縁を縫い縮め、布の角を中に折り込んで顔の下にとめます。

7 ─ 手にポーズをつけ、目立たないように縫いとめます。

お手玉は詰め物が出ないように、しっかり縫うこと

顔の下から小豆を詰め、布端を縫い縮める

人形お手玉の作り方
── 口絵15頁

手を合わせたり、踊ったり、愛らしいしぐさのお手玉です。ひな人形に仕立てて、飾っておくのも素敵です。

姫お手玉を大きめに作り、中に内袋を入れると、かわいらしい小物入れになります。

応用

姫だるま袋

● 材料
表布10×22cm　内袋８×13cm　直径７cmの白布＝頭
リリアン糸　綿　もみがら

● 作り方
1 ─ 胴は底を縫い絞った袋に作り、あけ口の縫いしろを折ります。

2 ─ 袋を表向きにし、頭（直径３cm）をかがりつけます。

3 ─ 底にもみがらを入れて座りをよくし、底を縫い絞った内袋を入れて口をまつります。

4 ─ リリアンであけ口にひも通しを作り、ひもを通します。

5 ─ 顔を描いてでき上がりです。

制作／須藤久美子

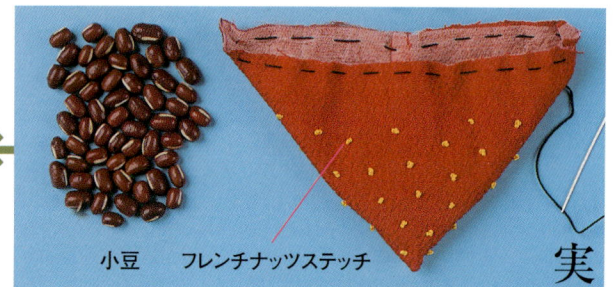

小豆　フレンチナッツステッチ　　　実

へた

いちごお手玉の作り方

——口絵15頁

● **材料**

縮緬（ちりめん）　刺しゅう糸　小豆（あずき）

● **作り方**

1──実の布を6.5×14cmに裁ち、52頁の柿袋の要領で二つ折りにして一辺を縫い、開いて三角形の袋にします。

2──いちごのつぶつぶをフレンチナッツステッチ（132頁参照）で刺しゅうします。

3──あけ口をぐし縫いし、小豆を詰めて糸を引きしめます。

4──へたの布を6×6cmに裁って、121頁のくくり猿の要領で折りたたみ（綿は入れない）、4辺に糸をかけて花の形を作り、詰め口にかがりつけます。

チェックや水玉木綿で作ってもかわいいお手玉。長さ6.5cm

サンタクロースお手玉の作り方

——口絵15頁

昭和初期のお細工物の本で見つけた珍しいサンタお手玉。ひもでつるせばクリスマスツリーの飾りになります。

20

お宝
お手玉の
作り方

――口絵15頁／型紙124〜125頁

お宝と呼ばれる7種に、松竹梅を加えた縁起のよいお手玉です。簡単な2枚仕立ての袋に刺しゅうをするだけですから、いろいろな花や動物の形を作って応用しましょう。

●材料

縮緬（色無地）　絹の色糸か刺しゅう糸　小豆

●作り方

1─布は型紙どおり2枚裁ちます。

2─刺しゅうの線を薄く写し、チェーンステッチやアウトラインステッチなどで線を刺します。

3─表と裏布を中表に合わせ、返し口を残してまわりを0.4cmの縫いしろで縫い、表に返します。

4─中に小豆を詰め、詰め口をかがり閉じます。

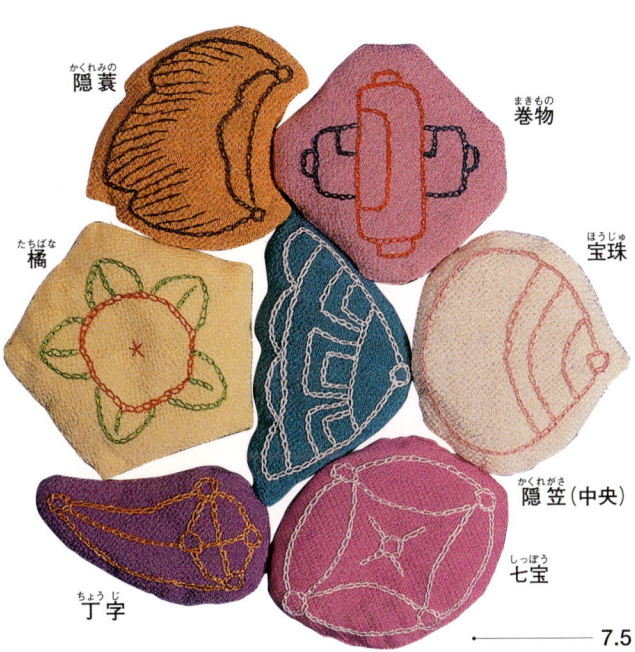

隠蓑（かくれみの）　巻物（まきもの）　橘（たちばな）　宝珠（ほうじゅ）　隠笠（中央）（かくれがさ）　丁字（ちょうじ）　七宝（しっぽう）

竹　松　梅

●材料

縮緬（赤、白）　綿　小豆

●作り方

1─白布から顔、帽子の縁、玉の布を裁ちます。

2─顔を写真の要領で縫い、縫い目を中央にして表に返し、綿を少し詰めます。

3─胴を長方形に裁ち、角が帽子になるよう顔と帽子の縁布を置き、0.4cm幅につけます。

4─胴を中表にして二つに折り、袋に縫います。表に返し、中に小豆を詰め、口を閉じます。

5─玉の布を丸く縫い絞り、縫いしろを中に入れ、角に縫いとめます。

6─顔を描きます。

7.5

7.5

顔

7.5

顔

顔が二等辺三角形になるように縫い、余分な上部の布を裁ち落す

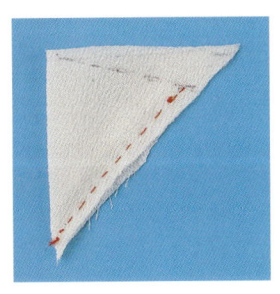

胴

2.5cm

2.5cm

7.5×14cm

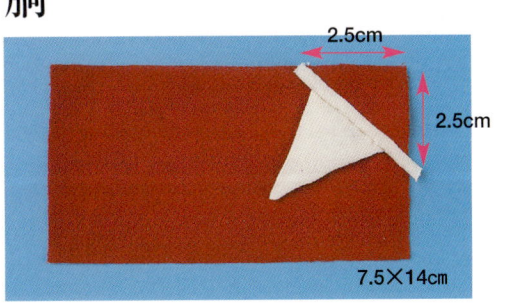

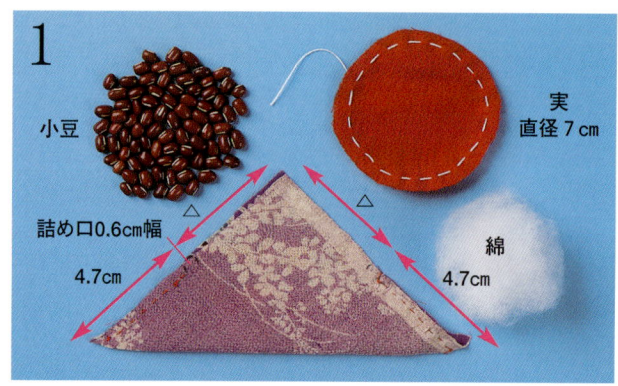

3

1

小豆

実
直径7cm

詰め口0.6cm幅
4.7cm

綿
4.7cm

4

2 厚紙でじょうごを作る

実

詰め口

小豆

四つの角に糸を通して結ぶ

●材料

縮緬(柄物、赤)　綿　小豆　絹糸

●作り方

1 ─ 外苞を11×11cmに、実を円形に裁
　　ちます。四角の布を三角に折り、
　　辺の中央に詰め口分0.6cmをひか
　　えて4.7cm縫います。残りの角を
　　開いて対角線で二つに折り、△印
　　を合わせて同様に縫います。

2 ─ 中央の詰め口から布を表に返し、
　　穴にじょうごを当てて小豆を詰め
　　ます。実の布は、周囲を縫い絞り、
　　綿を積めて丸くします。

3 ─ 詰め口に実の縫いしろを差し込
　　み、まわりをとじつけます。

4 ─ 四つの角に糸を通して、とじ合わ
　　せます。好みで、5色の糸をタバ
　　にして結んだり、鈴をつけたりし
　　てもよいでしょう。

顔を隠しているようにも見える
お手玉。四角い布と丸い布を組
合せて簡単にできます。

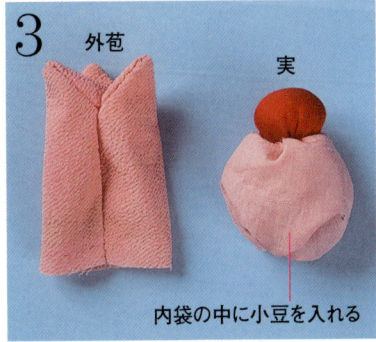

1
内苞
綿
実
外苞
直径6㎝
内袋
7.6×14.5㎝

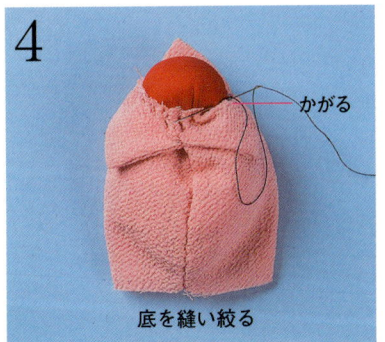

2
内袋同士縫う
縫い止まり

3
外苞
実
内袋の中に小豆を入れる

4
かがる
底を縫い絞る

ほおずきお手玉 2 ——型紙126頁

● **材料**

縮緬（オレンジ色）　接着芯　紅絹　内袋の布　小豆　綿

● **作り方**

1——縮緬を接着芯で裏打ちします。外苞と内苞は型紙どおり、実と内袋は指定の寸法に裁ちます。外苞と内苞を中表に合わせて、縫い止まりまで縫います。実は0.5㎝の縫いしろで丸く縫い絞り、綿を詰めます。内袋は輪に縫います。

2——外苞同士、内苞同士を中表に合わせ、輪に縫います。

3——内袋の底を縫い絞って小豆を詰め、上部に実を差し込んで縫い絞ります。

4——外苞の中に内袋を入れます。内苞の布端を縫い縮め、実のまわりをかがります。外苞の底を縫い絞ります。

おくるみにくるまれた赤ちゃんを思わせるお手玉です。小豆は内袋に詰めてから外苞に入れるのがポイント。

千鳥袋
作り方126頁／長さ13cm

おしどり袋
作り方26頁／長さ12cm

琴爪入れ

空翔る鳥に夢を託し、
瑞兆の鳥を写して福を願う…
季節の移ろいを花袋にして生活に潤いを与え、
四季を楽しんだ女心が伝わってきます。

対象物をよく観察した目、
小ぎれ使いの工夫のさまざま、
昔の人の知恵の深さに感心するばかりです。
小さな作品の中には裁縫の技が秘められ、
先人が残した計算し尽くされた型紙の差が、
ふっくらとしたでき上がりの
愛らしさを誘います。

明治時代の裁縫の授業風景

24

復元制作◎水口婉子

うさぎ袋
作り方31頁／長さ11㎝

着物姿の女性がお琴をつまびく姿は、近ごろではめったに見られませんが、昔の女性にとって、お琴はとても親しみのある楽器でした。嫁入り前のたしなみとしてお稽古に通うことも多く、琴爪を入れる小袋は必需品でした。小さな袋は、裁縫の腕をためすには手ごろな大きさで、娘たちは着物の残りぎれなどを利用して、花や鳥などの好みの形を競い合うように作ったようです。でき上がった小袋は香袋や大切な小物入れにも使われ、季節の飾り物や縁起物としても用いられました。琴爪入れの作り方には裁縫に大切な技がたくさん含まれており、明治時代の裁縫の教科書（前頁）にもその授業風景が描かれています。

ここでご紹介する琴爪入れは、明治～昭和時代に裁縫の先生であった宮川すずさんの作品で、這い子袋なども含めると70種近くにもなります。

椿袋 （つばき） 作り方29頁／幅8㎝

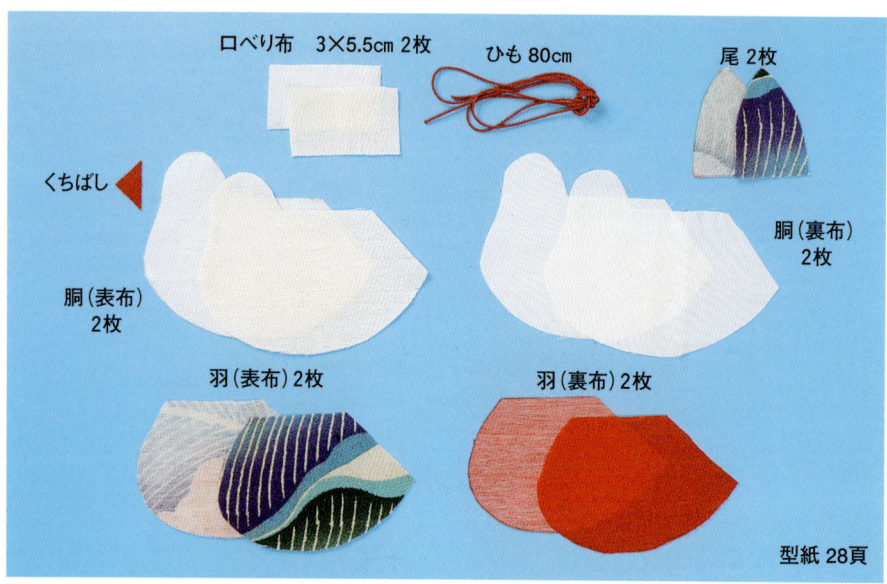

口べり布　3×5.5cm 2枚

ひも 80cm

尾 2枚

くちばし

胴（裏布）2枚

胴（表布）2枚

羽（表布）2枚

羽（裏布）2枚

型紙 28頁

おしどり袋の作り方

表布と同じ形の裏布をつけた2枚仕立ての袋です。布は左右対称形に裁ち、2枚が同じ形にならないよう注意します。この袋のようにあけ口が小さいときは、口べり布を輪に仕立てて外側から縫いつけます＜外づけ＞。

●材料

縮緬（ちりめん）（白、柄物、赤）　薄手の裏布　綿　ひも　黒糸＝目の刺しゅう　接着芯

●布の裁ち方

縮緬を接着芯で裏打ちします。胴、羽、尾は、型紙どおり両面を写し、左右対称形に各2枚ずつ裁ちます。口べり布は指定の寸法に裁ちます。縫いしろはすべて0.4cmです。

●作り方

1ーくちばしは細く折り、尾は2枚を縫い合わせます。胴の表布2枚の間にくちばしと尾をはさみ、とめておきます。

2ーその下に裏布2枚を重ね、あけ口を残して4枚をいっしょに返し縫いをします〈四つ縫い〉。

3ー縫いしろの角や曲線部分に切り込みを入れます。

4ー表に返します。

1 くちばしと尾をはさんで胴の布を四つ縫いします

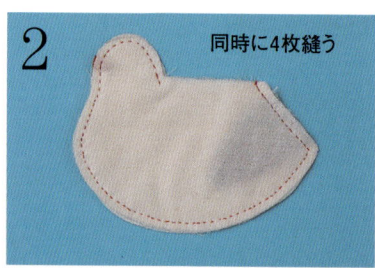

3

切り込み

2

同時に4枚縫う

4

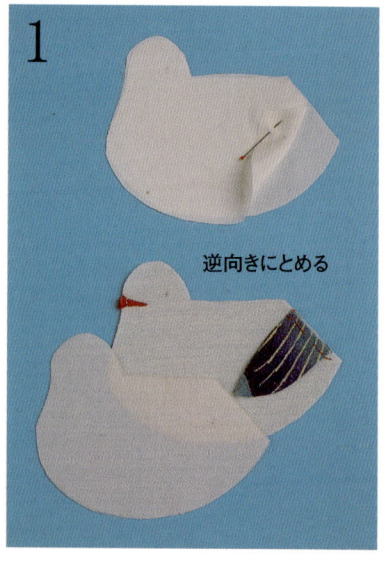

1

逆向きにとめる

26

5—羽の表と裏の布を中表に合わせ、裏を上にして裏布をややひかえて、口べり布側に返し口を残してまわりを縫います。返し口は端まで縫います。縫い線より0.1cm内側で裏布側で縫いしろを倒し、アイロンで押えて、きせをかけます。曲線部分は縫い縮める場合もあります。

6—表に返し、胴のあけ口の左右に羽を当て、しつけをかけて仮どめします。

7—口べり布は2枚を中表に合わせ、通し穴2cmを残して両端を縫い、輪にします。縫いしろを割り、縫いしろを細かく縫って端を始末します。

8—口べり布が胴につけやすいよう羽を小さく折りたたみ、まち針でとめます。

9—中表にした口べり布を、通し穴が胴の前後にくるようにあけ口の外側にはめ、まち針を打ちます。0.4cmの縫いしろで胴の表と裏の布、羽、口べり布をいっしょに、半返し縫いでしっかりと縫います。

10—口べり布を三つ折りにし、

11—裏布にまつります。

12—まち針をはずし、元の鳥の形にもどします。

2 羽は裏布を少しひかえて縫います

3 口べり布は輪に仕上げて外づけします

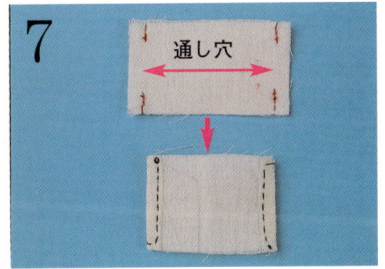

胴と羽をたたんで、口べり布をつけやすくする。

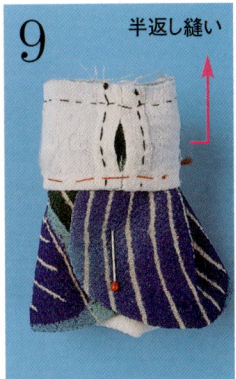

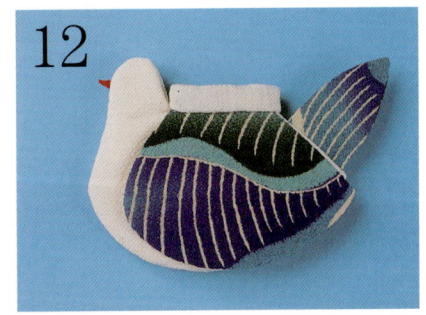

13─頭の部分に綿を入れ、ふっくらさせます。

14─黒糸で目を刺しゅうします（フレンチナッツステッチ・132頁参照）。

15─口べり布に2本のひもを通し、ひもの先を結んで輪にします。使わないときは、胴にも綿を入れて形を整えます。ひもを結ぶとでき上がりです。

◎─2枚仕立ての簡単な作りですから、胴や羽の形を変化させて、いろいろな鳥袋を作ることができます。なお、このおしどりは雌です。雄のおしどりには44頁のように羽冠がついています。

4 頭に綿を入れて形を整え、ひもを通します

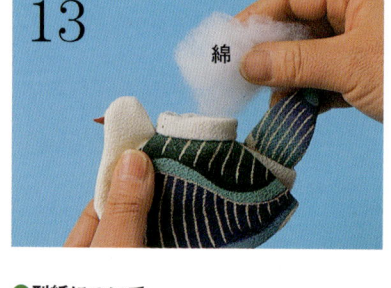

●型紙について

型紙には、縫いしろを含むものと含まないものとがあります。この型紙は縫いしろ0.4cmを含んだ型紙です。縫い線（点線部分）は写さずに合い印や布端をたよりに縫うので、正確に写して裁つことが大切です。慣れると、縫いしろを含んだ型紙のほうが布も汚れず、縫いやすいようです。

26頁　おしどり袋の実物大型紙

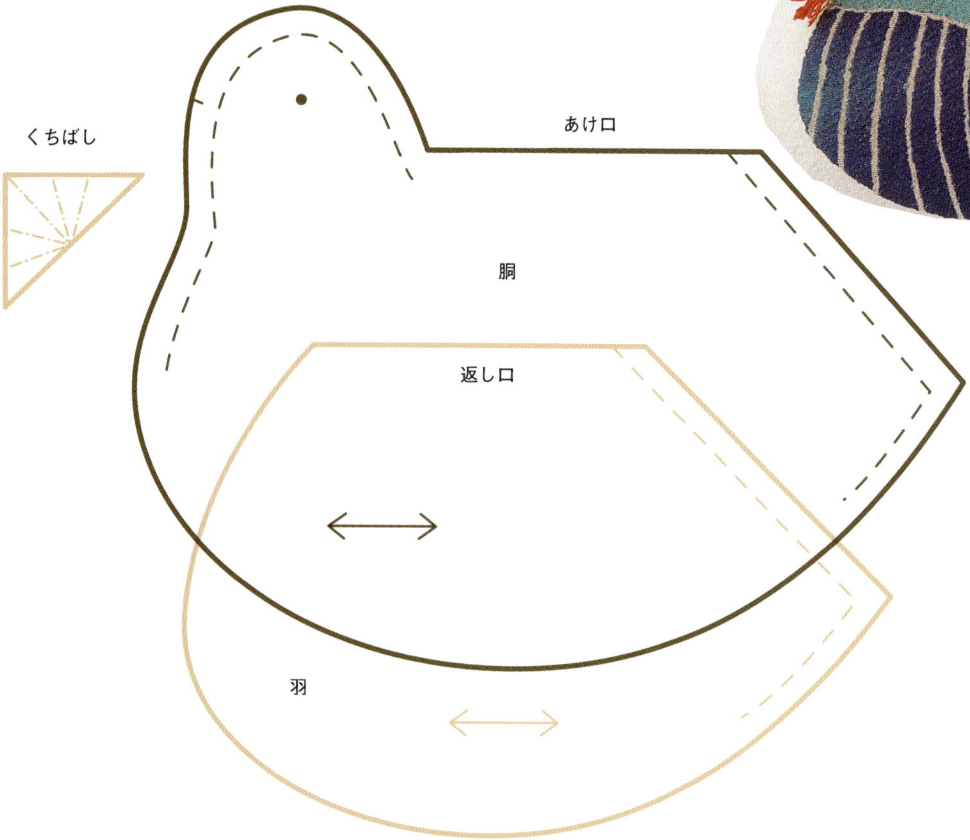

くちばし

あけ口

胴

返し口

羽

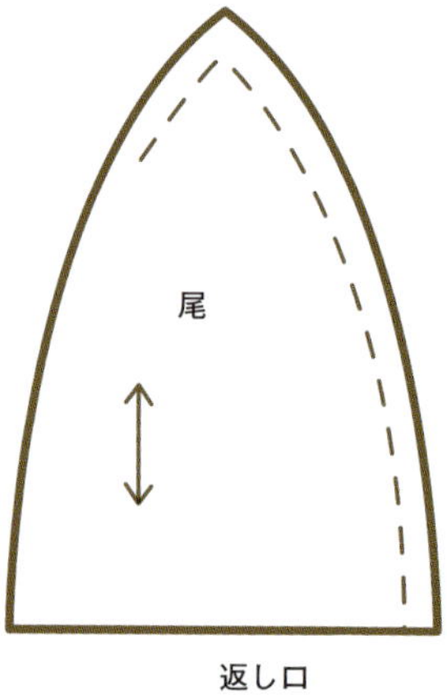

尾

返し口

●作り方

1—花弁は2枚ずつ5組を中表に合わせて縫い、表に返します。

2—花芯の表と裏を別々に袋を作り、2枚を外表に重ねます。

3—葉は2枚の布を中表に合わせ、返し口を残して周囲を縫い、切り込みを入れて表に返します。

4—返し口をかがり、

5—接着剤をつけた針金を中に差し込みます。

6—口べり布は輪に仕上げておきます。

7—花芯の周囲に花弁を重ねながら仮どめし、葉もはさんで、口べり布を27頁の要領で外づけします。

8—口べり布にひもを通します。

◎—葉のように返し口の小さい布を縫う場合は、途中まで縫って表へ返し、同じ縫い糸で残りの縫いしろをかがります。

（30頁に続く）

●材料

縮緬（赤、緑）　接着芯　白繻子＝花芯　薄手の裏布　ひも　26番針金

●布の裁ち方

縮緬を接着芯で裏打ちします。花弁と葉は型紙に0.4cmの縫いしろをつけ、他は指定の寸法に裁ちます。葉は2枚を左右対称形に裁ちます。

椿袋の作り方

——口絵25頁／型紙126頁

花芯が小さな袋になっています。布につやのある繻子を使い、花芯を六つどめにして、ひだをしべのように見せます。

これとは逆に、花芯の先に口べり布をつけた椿袋もあります。

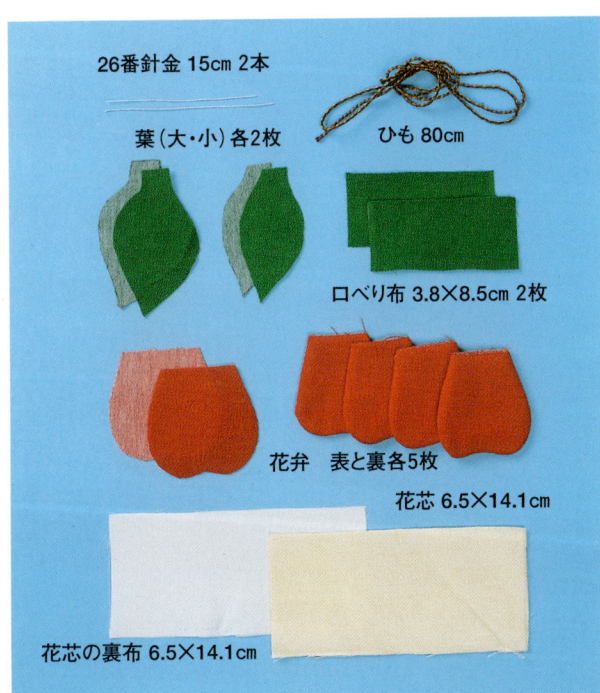

26番針金 15cm 2本

葉（大・小）各2枚

ひも 80cm

口べり布 3.8×8.5cm 2枚

花弁　表と裏各5枚

花芯 6.5×14.1cm

花芯の裏布 6.5×14.1cm

花芯の先は六つどめにします

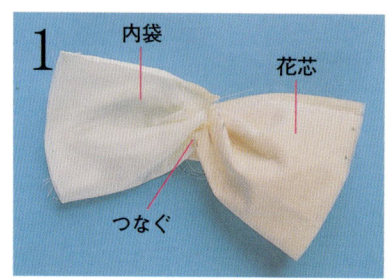 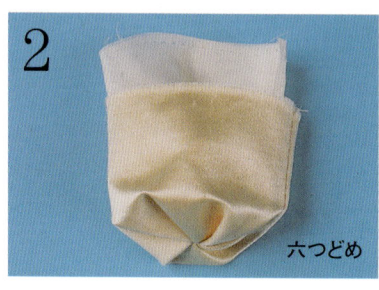

表布、裏布とも中表に輪に縫います。12頁の五つどめの要領で上側の6か所を1針ずつすくって糸を引き、ひだをたたんで表に返します。表と裏の袋を重ねます。

葉に針金を入れて張りをもたせます

残されたすずさんの作品は、長い年月に色もあせ、傷みも進み、型紙との照合が難しいものも少なくありませんでした。水口婉子さんは4年の歳月をかけてそれを整理・復元されました。

貴重な宮川すずさんのお細工物

江戸時代から伝わる「ちりめん細工」は、明治、大正時代になって女子の裁縫教育の中に取り入れられ、広く一般に普及したといわれます。本書の琴爪入れや巾着の原作者である宮川すずさんは、ちょうどその頃に裁縫教育に携わられた方です。江戸時代末期に東京で生まれたすずさんは、若い頃より進取の気性に富み、「婦女子といえども手に職を持ち、自立すべき」との考えから、和裁、洋裁、手芸、墨絵、礼儀作法などに精進されて、大正4〜14年には、久邇宮家の良子さま（香淳皇后）のご教育係を務められたほどです。その後は再び裁縫女子学校で教鞭をとられ、昭和38年に96歳で亡くなられるまで、ご自宅の裁縫塾で教えていらっしゃったそうです。

このような経歴を持つ宮川すずさんが残された作品は、そのまま明治、大正、昭和の手芸史を物語るものといえます。お孫さんである村上千鶴代さんは、「おばあちゃまはいつもノートをかたわらに置き、新しい手法やデザインを考え、絶えず手を動かしていました」とおっしゃいます。すずさんは瓶細工などを考案した発明家でもあり、そのたぐいまれな創造力は自由に形を創作できる手芸分野で大いに発揮されたようです。作品には独創的なものも多く、身近な素材で新しいものを創り出す手芸の喜びが、時代を超えて伝わってくるような気がします。

30

●作り方

1—尾を二つに折って縫い、表に返します。

2—耳はピンクと白の布を中表に合わせて縫い、表に返します。

3—口べり布は両端を始末して二つ折りにし、胴の表布と裏布ではさんであけ口を四つ縫いし、表に返します。

4—尾を胴に中向きに仮どめし、79頁のうさぎの巾着の要領で、胴の表布と裏布を重ね、裏布に3cmくらいの返し口を縫い残して胴のまわりを四つ縫いし、表に返します。

5—耳を中央に折りたたみ、胴に切り込みを入れて差し込み、まつりつけます。

6—目のビーズをつけ、糸で口を刺し、糸のひげをつけます。

7—ひもを通してでき上がりです。

●布の裁ち方

1　胴の表布＝左右対称に2枚

2　胴の裏布＝左右対称に2枚

3　耳の表側＝2枚

4　耳の裏側＝2枚

5　尾＝1枚

6　口べり布＝3×5.5cm 2枚

うさぎ袋の実物大型紙

＊縫いしろ0.4cmを含む型紙

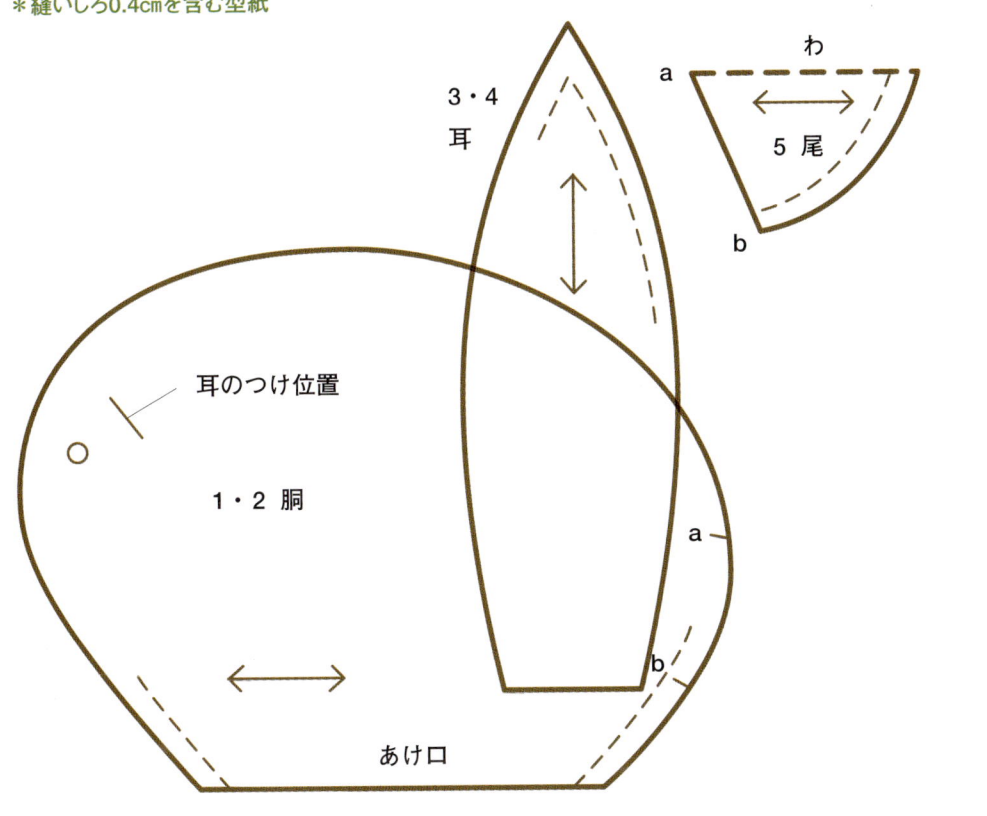

3・4 耳

わ

5 尾

a

b

耳のつけ位置

1・2 胴

a

b

あけ口

うさぎ袋の作り方——口絵25頁

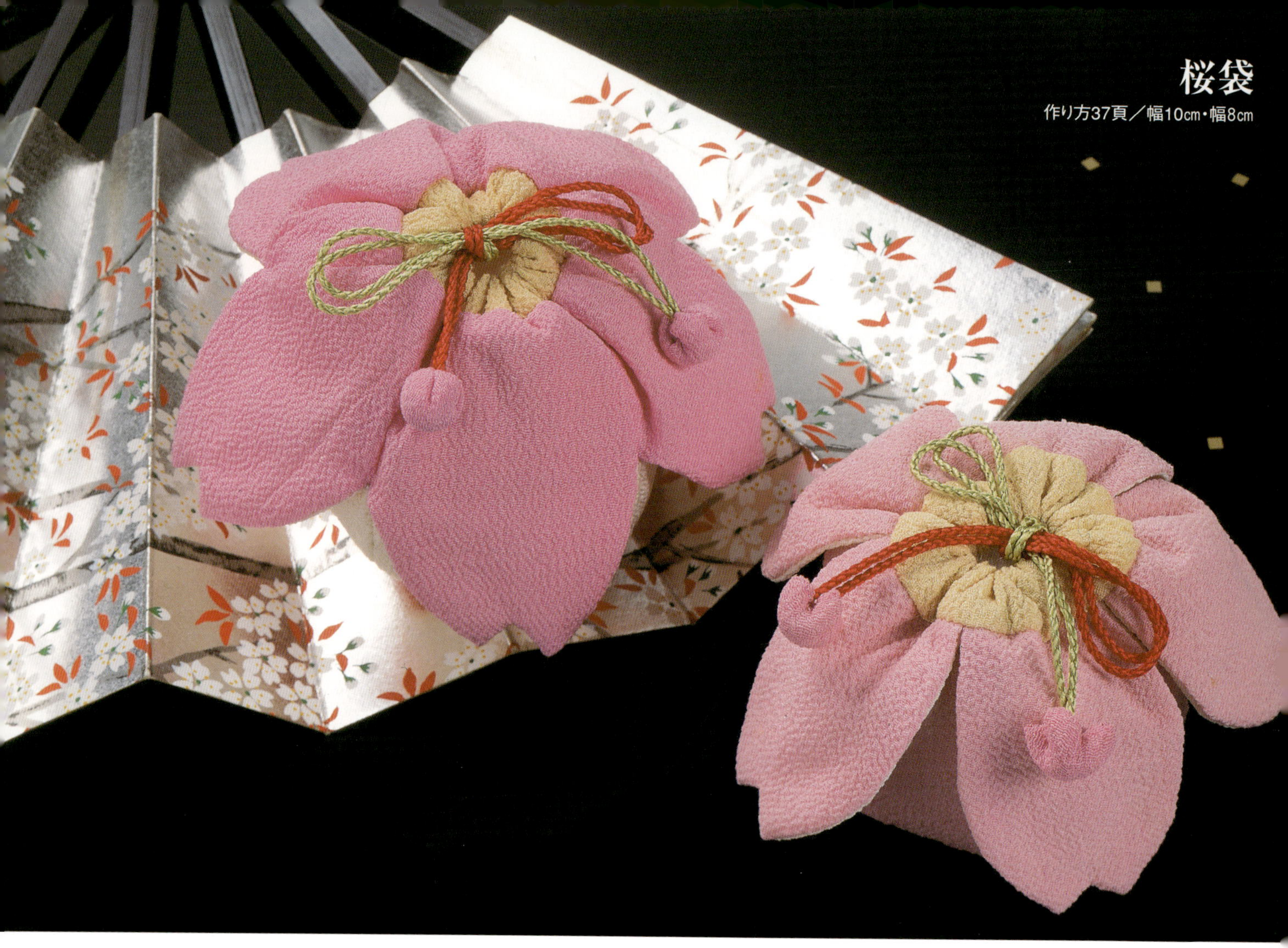

桜袋

作り方37頁／幅10㎝・幅8㎝

花

かきつばた袋

参考作品／幅12㎝

可憐に咲いた縮緬（ちりめん）の花の琴爪入れ。その美しい彩りと優雅な形に、お琴の稽古へ通う気持ちもはずみます。芸事の稽古始めは6歳の6月からといいます。少女たちも小さな琴爪入れを持ってお稽古に通ったのでしょうか。琴爪入れには、ごほうびのアメ玉でも入っていたのかもしれません。また、裁縫のお稽古にも通う娘さんたちは、日頃から集めた美しい小ぎれの箱を開いて、お裁縫が上達しますようにと、色とりどりの花の琴爪入れを作ったとか。新春のお稽古始めには紅白の梅の花、春には薄紅色の桜、初夏には水辺に咲くかきつばた、秋には紫のききょう……お手製の花の琴爪入れに、お稽古での話もはずんだことでしょう。

花袋は縮緬の柔らかい風合いによく合い、比較的作りやすい題材です。同じ形の花弁を縫いつなぐだけですから、お細工物は初めてという方にも、らくに作ることができます。アクセサリー入れや化粧ポーチとして、また、ポプリや匂い袋を入れて、香りの袋にしても素敵です。

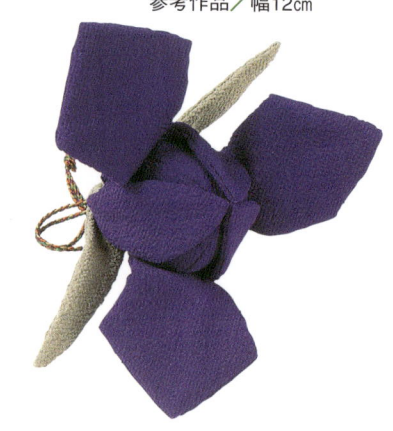

梅袋

左の作り方 34頁／幅11cm
右の作り方 36頁／幅11cm

ききょう袋

作り方36頁／幅11cm

梅袋の作り方——

口絵33頁／型紙127頁

底に台紙を入れるので型崩れせず、
小さいながらも実用的な袋です。
刺しゅうのある底が、花の表側になります。
口べり布をがくに見立てて
緑色にするのもよいでしょう。

ひも飾り 3.5×3.5cm 2枚

口べり布 3.4×12.5cm 2枚

ひも 80cm

底の表布

底のキルト芯

底の台紙

花弁表 5枚・裏5枚

丸味は縫い縮める

底の裏布

側面の表布 6.5×24.4cm

側面の裏布 6.5×24.4cm

3 4

底に台紙を入れて刺しゅうをします

台紙に刺しゅうの線を描いておきます。底の布と台紙の間にキルト芯をはさみ、絹糸で刺しゅうします。

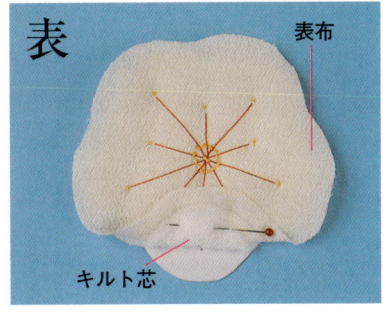
表　表布　キルト芯

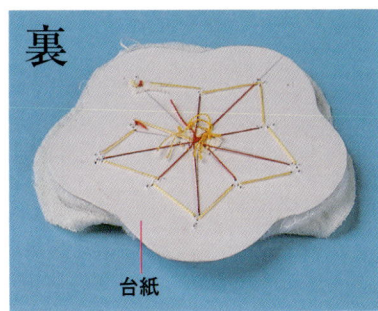
裏　台紙

口べり布は花弁を仮どめした上に外づけします

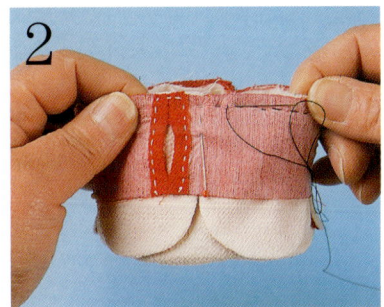
2 口べり布の輪を中表にはめ、半返し縫いをします。

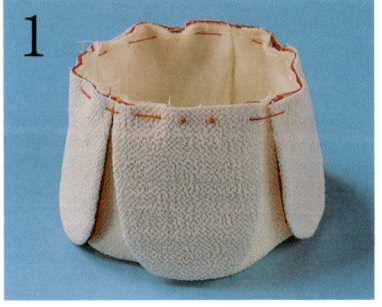
1 側面のあけ口に5枚の花弁を平均に仮どめします。

4 ひもを2本通して端を結び、結び目にひも飾りをつけます。

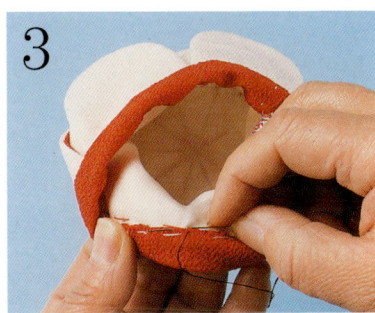
3 布端を内側に三つ折りし、裏にまつりつけます。

●材料
縮緬（白、赤）　薄手の裏布　ひも　厚紙＝台紙　キルト芯　刺しゅう用の絹糸（赤、黄）　接着芯

●布の裁ち方
縮緬は接着芯で裏打ちします。花弁は型紙に縫いしろ0.4cm、底の表と裏の布は型紙に縫いしろ0.7cmをつけて裁ちます。台紙とキルト芯は型紙どおりに切り、口べり布と側面は指定の寸法に裁ちます。

●作り方
1 ─花弁は白と赤の布を中表に合わせて縫い、縫いしろの丸み部分を少し縫い縮めます。きせを0.1cmかけて、縫いしろを裏側へ倒し、アイロンをかけて表に返します。

2 ─側面は、表と裏の布をそれぞれ二つ折りにして輪に縫います。

3 ─底の布にキルト芯と台紙を当て、針を台紙に通して、しべの刺しゅうをします。ステッチは132頁を参照します。

4 ─底の台紙の上に底の裏布を当て、縫いしろにしつけをかけます。その縫いしろを63頁の要領で側面の表と裏の布ではさみ、いっしょに縫います。

5 ─口べり布は2枚を中表に合わせて通し穴を残して輪に縫い、縫いしろを始末します。

6 ─袋を表に返し、あけ口に5枚の花弁を平均に仮どめし、その上に口べり布を縫いつけて端を内側にまつります。

7 ─ひもを口べり布に通し、ひもの結び目に86頁の要領でひも飾りをつけます。

◎─側面の直線部分や花弁の丸みは、ミシンでも縫えます。

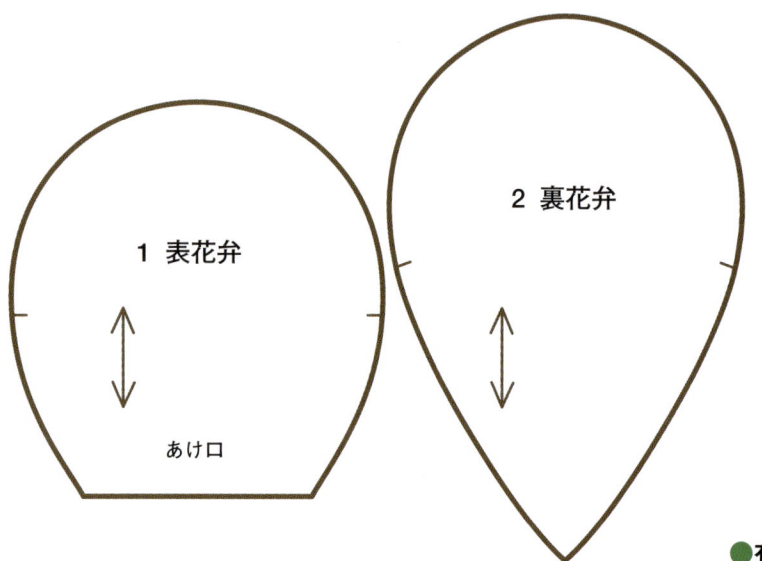

1 表花弁
あけ口

2 裏花弁

2（裏） 1 3

紅梅袋の作り方

●布の裁ち方

1　表花弁＝5枚
2　裏花弁＝5枚
3　口べり布＝3.2×9.5cm 2枚
4　内袋＝8×24cm

●作り方

4頁の基礎の桜袋と同様に作ります。この袋は底に丸みがあり、ちょうど花が開いたような形になっています。裏花弁の縫いしろにはゆるみがあるので、表と裏の花弁を縫い合わせるときは、裏花弁を上にしていせ込みながら縫うか、最初から花弁の縫いしろを細かく縫い縮めておきます。

——口絵33頁

ききょう袋の作り方

——口絵33頁

●布の裁ち方

1　表花弁＝5枚
2　裏花弁＝5枚
3　しべ＝1.5×4.5cm
4　内袋＝6.5×21cm
5　口べり布＝3.8×8.5cm 2枚

2（裏） 1 5

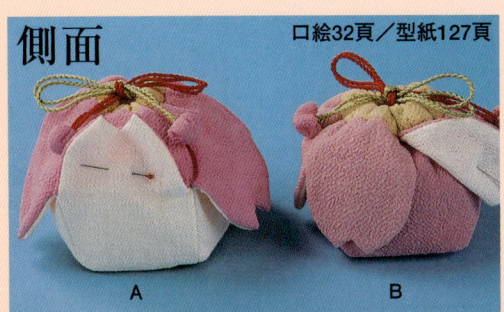

側面

口絵32頁／型紙127頁

A　　　　　B

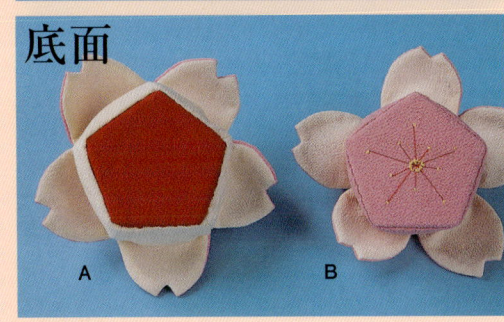

底面

A　　　　　B

口絵32頁／型紙127頁

桜袋の作り方

ＡＢは花弁のつなぎ方が違います。

● **Ａの桜袋**

4頁の基礎の桜袋に底がついたような袋です。5枚の花弁が、輪につながり、裏側の花弁が途中から側面になっています。布の裁ち方は、花弁の表と裏を、各5枚型紙に縫いしろ0.4cmをつけて裁ち、底の表と裏を、型紙に縫いしろ0.7cmをつけて裁ちます。口べり布は3.6×11.4cm 2枚、内袋8×26cmに裁ちます。他に、五角形の台紙、ひも、ひも飾りの布を用意します。作り方は、表と裏の花弁を縫い止まりまで縫い、次に花弁の表同士、裏同士を輪に縫います。白の花弁を側面にして底をつけます。口べり布と内袋を11頁の要領でつけ、ひもを通し、ひも飾りをつけます。

● **Ｂの桜袋**

布の裁ち方は34頁の梅袋と同様ですが、底のキルト芯は抜きます。側面は6.5×21cm、口べり布は3.8×11cm 2枚に裁ちます。作り方も梅袋と同様にします。花弁と袋は別々に作り、35頁の写真1～4の要領で仕上げます。

縫いしろなしの型紙

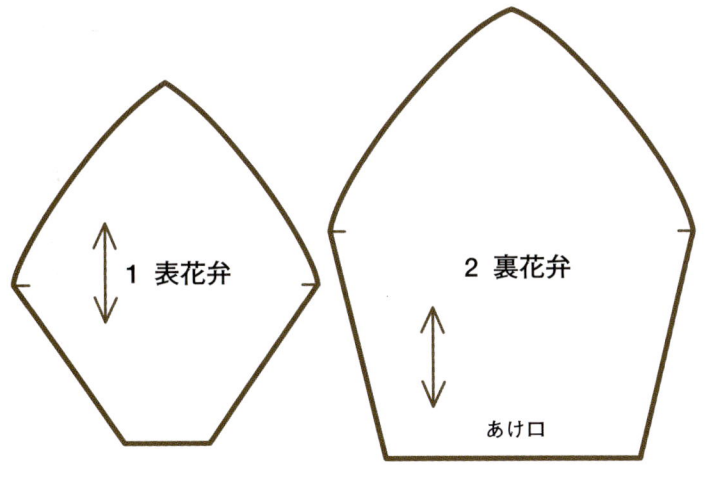

1 表花弁

2 裏花弁

あけ口

●作り方

しべのあるほうが表、あけ口が裏になります。

1―表花弁を輪にせずに横に5枚つなぎます。

2―花弁のしべをつける側に箱ひだをとり、しべの長い辺と縫い合わせます。

3―花弁を二つに折り、しべといっしょに花弁を輪に縫い、しべの端を縫い絞ります。

4―裏花弁を輪につなぎます。

5―表花弁と裏花弁を中表に合わせ、周囲を縫います。このとき、裏花弁にゆるみがあるので、縫うときにいせ込みます。

6―口べり布の両端を始末して二つに折り、しつけをかけます。内袋は二つに折って輪に縫います。

7―袋を裏返したままで、口べり布と内袋を11頁の桜袋と同様に内づけをし、表に返します。

8―内袋の底を五つどめして、表布の底に縫いどめます。

9―ひもを通します。

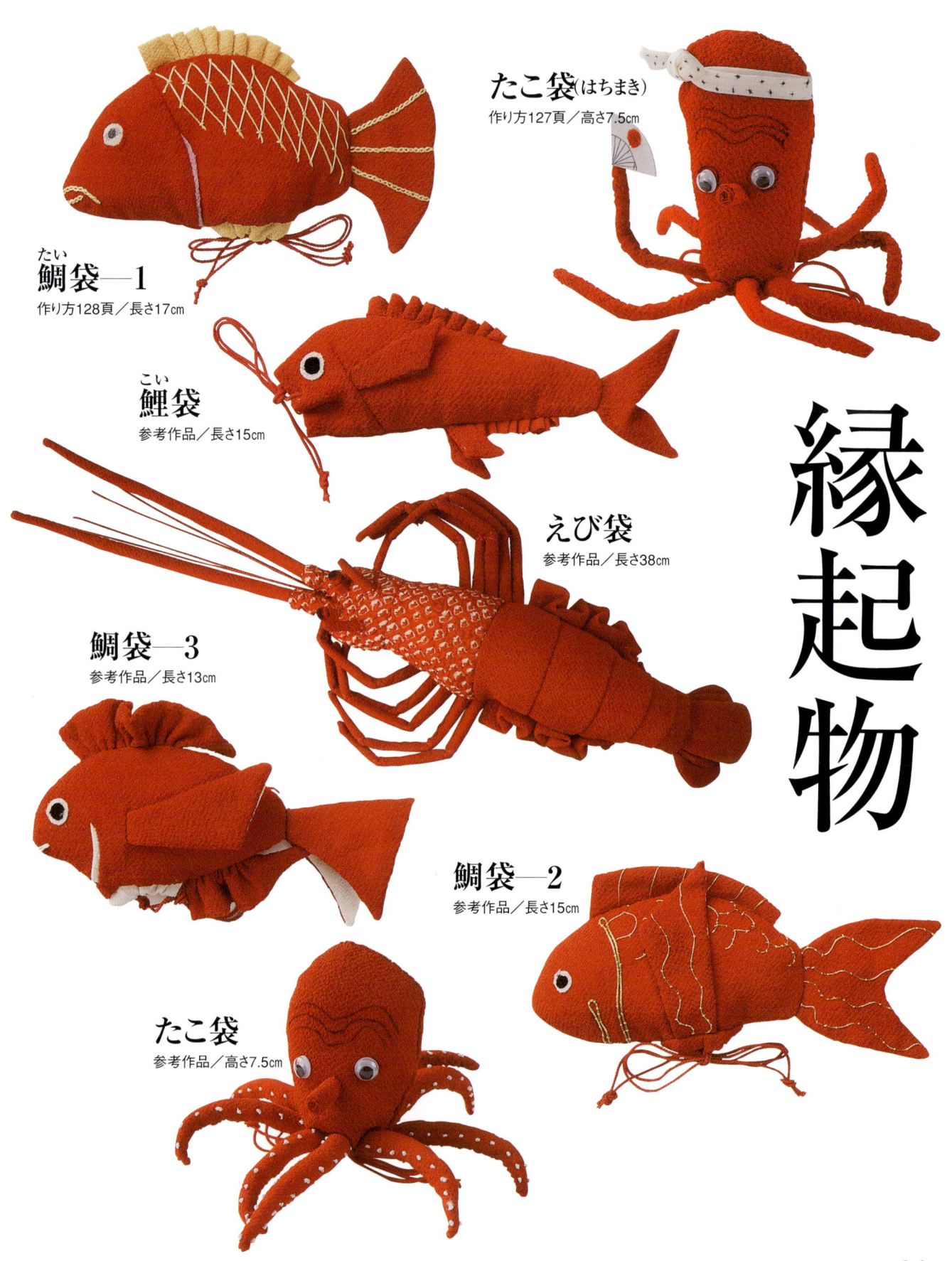

たこ袋（はちまき）
作り方127頁／高さ7.5cm

たい
鯛袋─1
作り方128頁／長さ17cm

こい
鯉袋
参考作品／長さ15cm

えび袋
参考作品／長さ38cm

鯛袋─3
参考作品／長さ13cm

鯛袋─2
参考作品／長さ15cm

たこ袋
参考作品／高さ7.5cm

縁起物

復元制作◎水口婉子

亀袋
参考作品／長さ20cm

日本では、お正月をはじめとする四季折々の祝い事に、縁起のよい食べ物やお飾りを用意します。これら魚の小袋もおめでたい赤色で、縁起のよい意味合いがあります。鯛は姿形がりっぱで、その呼び名がめでたいに通じ、えびは長いひげや曲がった腰が不老長寿を表わします。これらはいずれも、実用的な袋としてでなく、お祝いに贈ったり、祝儀の席に飾られたりしたものと思われます。作り方のむずかしいこれらの小袋は、裁縫の技を誇るものとして、お嫁入りのときに披露したともいわれています。鶴や亀の袋にも、千年万年も長寿でありますようにという願いが込められています。

鶴袋
左の作り方40頁／右は参考作品
高さ7cm・12cm

鶴袋の作り方

——口絵39頁／型紙43頁

結婚や敬老の日の
お祝いに贈ると喜ばれます。
白い布が汚れないよう、
きれいな手で
ていねいに扱いましょう。

胴は表も裏も１枚の布で裁ち、背と底の部分を逆Ｔ字型に縫って座りをよくします。くちばしから首に針金を入れます。

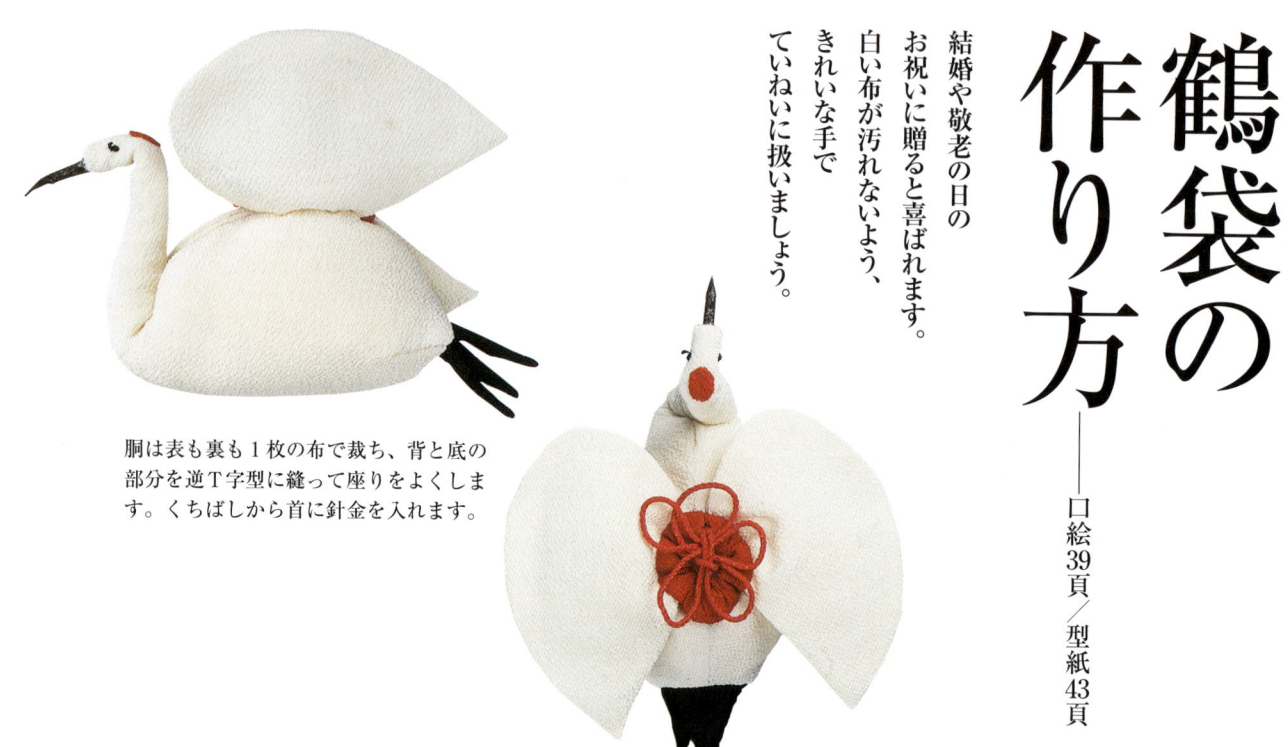

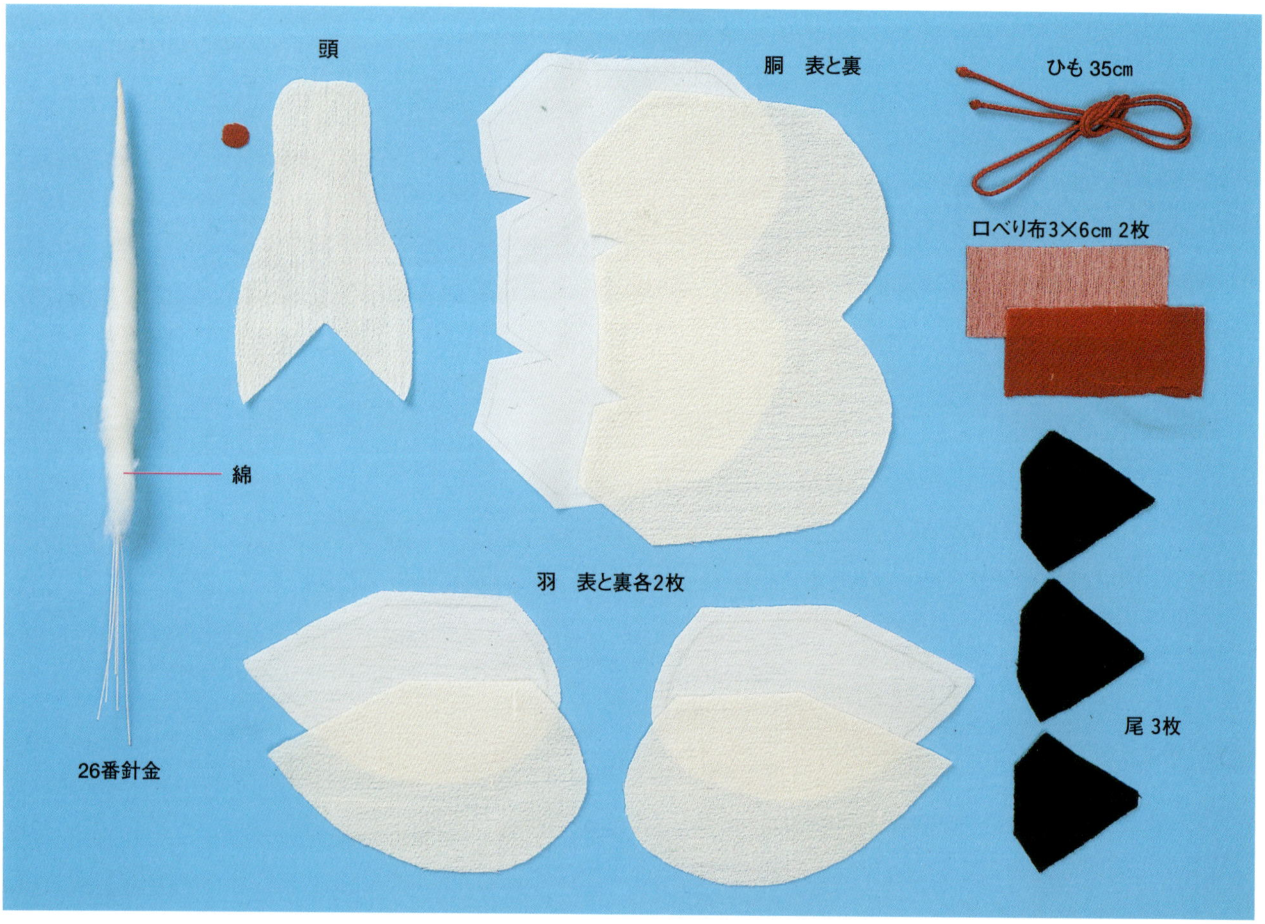

頭
胴　表と裏
ひも 35cm
口べり布3×6cm 2枚
綿
羽　表と裏各2枚
尾 3枚
26番針金

1 長い首は途中からかがります

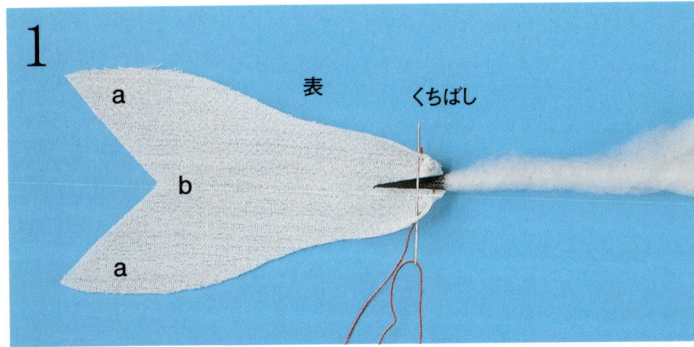

1 （表　a　b　a　くちばし）

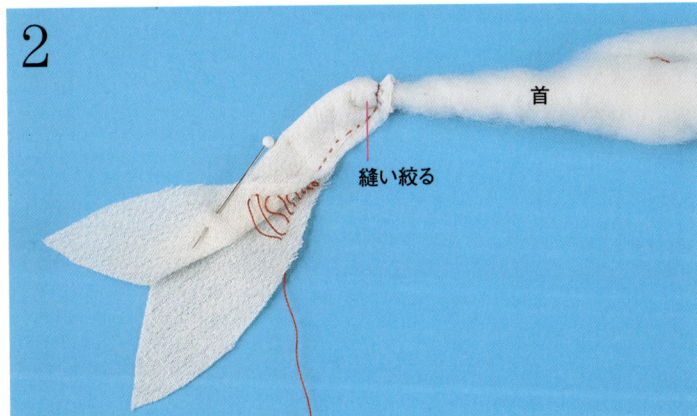

2 （縫い絞る　首）

3 （細かくかがる）

●材料
縮緬（白、黒、赤）　接着芯　白絹＝裏布
26番針金を4本　綿　黒糸＝目　打ちひも

●布の裁ち方
縮緬を接着芯で裏打ちし、口べり布は裁ち
切り寸法、他は型紙に0.4cmの縫いしろを
つけて裁ちます。

●作り方
1──頭と首を作ります。針金を15cmに7本
　　切り、先に段差をつけてそろえ、綿を
　　巻きつけ、くちばしを3cmほどのりで
　　塗り固めます。先を墨かフェルトペン
　　で黒く塗り、乾かします。
2──頭の布をくちばしのまわりで縫い縮め
　　てとめ、布を中表に合わせ、首の半分
　　くらいまで縫い、首にかぶせます。
3──残りの縫いしろを細かくかがります。

ひもの飾り結び（花結び）

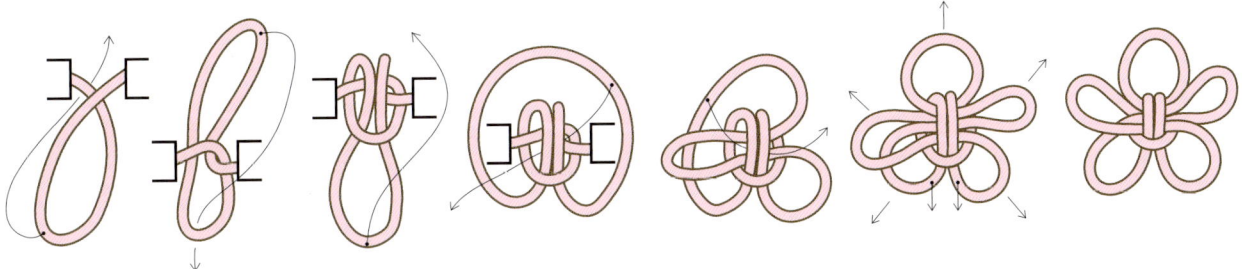

2 胴の布は、首のまわりに縫いつけてから袋に縫います

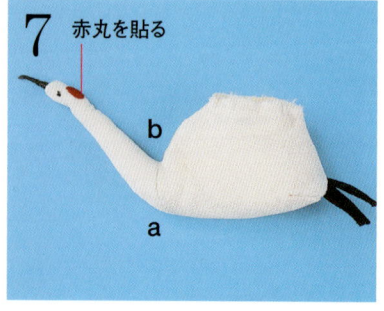

7 赤丸を貼る
b
a

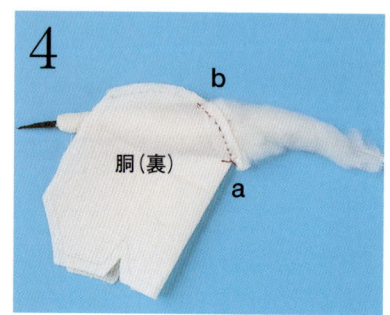

4 b
胴（裏）
a

8 口べり布

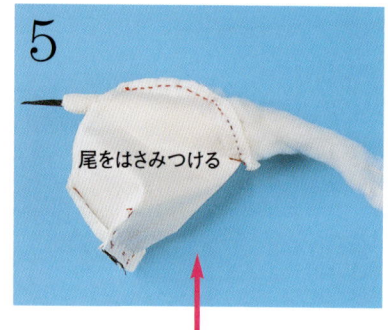

5 尾をはさみつける

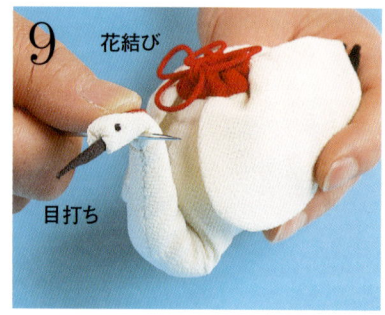

9 花結び
目打ち

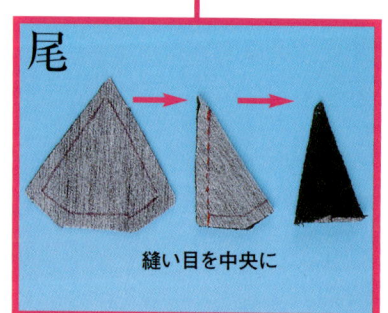

尾
縫い目を中央に

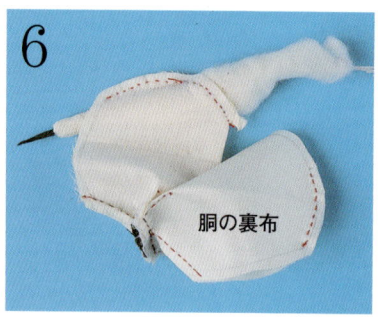

6 胴の裏布

4—胴の布を首のまわりに中表に縫い
　つけ、胴の前側を縫い合わせます。

5—尾は3枚を三角形に縫います。胴
　の後ろ中央を縫ってから、重ねた
　尾を逆にはさんで縫います。

6—胴の裏布の前側を縫い合わせ、後
　ろ側も逆T字型に縫います。表布
　と裏布の縫いしろを縫いとめ、

7—表に返します。頭に赤丸の布を貼
　り、目を刺しゅうします。

8—口べり布は通し穴を残して輪に縫
　い、縫いしろを始末します。左右
　の羽の表と裏を中表に合わせ、返
　し口を残して縫い、表に返します。
　胴のあけ口にしつけでとめます。
　口べり布を27頁の要領で外づけし
　ます。

9—ひもを通し、袋に綿を入れて形を
　整えます。ひもを花結び（41頁参
　照）にします。首に目打ちを当て
　て曲げ、表情をつけます。

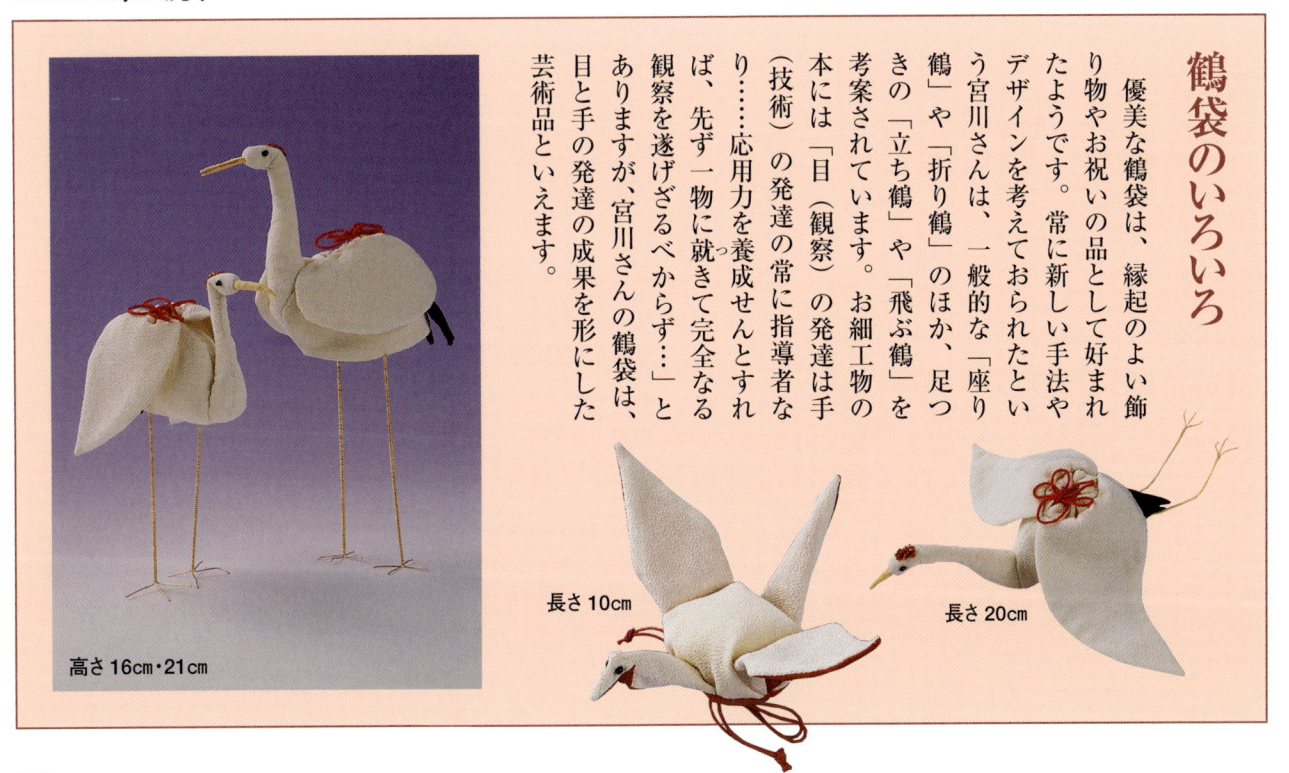

鶴袋の型紙

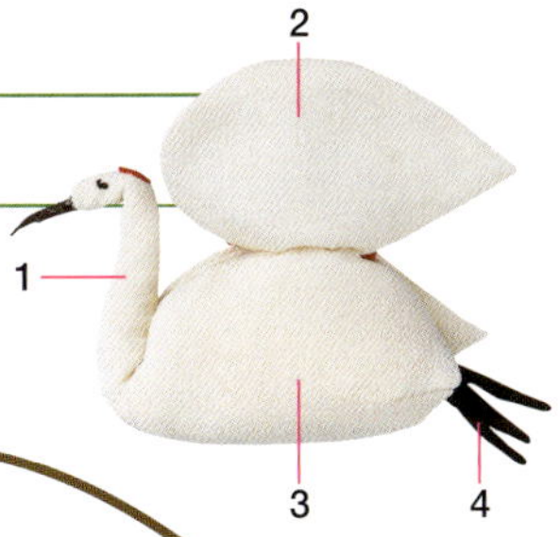
2
1
3
4

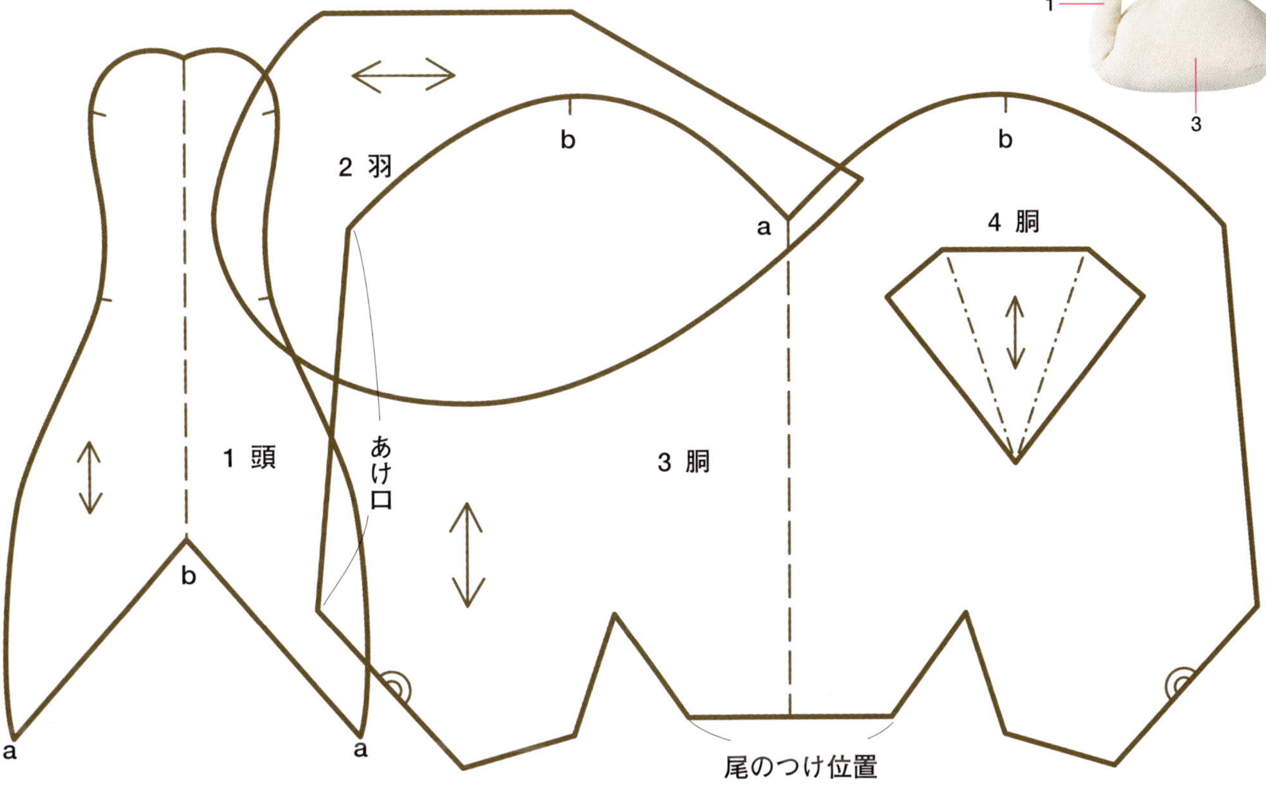
2 羽
b
b
a
b
4 胴
1 頭
あけ口
3 胴
b
a
a
尾のつけ位置

復元制作◎水口婉子

高さ16cm・21cm

鶴袋のいろいろ

優美な鶴袋は、縁起のよい飾り物やお祝いの品として好まれたようです。常に新しい手法やデザインを考えておられたという宮川さんは、一般的な「座り鶴」や「折り鶴」のほか、足つきの「立ち鶴」や「飛ぶ鶴」を考案されています。お細工物の本には「目（観察）の発達は手（技術）の発達の常に指導者なり……応用力を養成せんとすれば、先ず一物に就きて完全なる観察を遂げざるべからず…」とありますが、宮川さんの鶴袋は、目と手の発達の成果を形にした芸術品といえます。

長さ10cm

長さ20cm

すずめ袋
作り方46頁／長さ11cm

にわとり袋──大
参考作品／長さ21cm

ねずみ袋
作り方129頁
長さ9cm（尾は別）

動物

おしどり袋
参考作品

雌
高さ8.5cm

雄
高さ12cm

琴爪入れには動物をテーマにしたものが数多くあります。中でも鳥袋は種類が多く、縁起物の鶴袋を別にしても、すずめ袋、にわとり袋、ひよこ袋などがよく知られました。おしどり袋は夫婦仲むつまじい鳥であるところから、雌雄対で作られて婚礼の贈り物として喜ばれました。小動物は種類が少なく、ねずみ袋、うさぎ袋、ねこ袋などがあります。魚は縁起物の鯛袋やえび袋などのほか、夏の風物詩である金魚の袋が好んで作られました。手間がかかる動物の袋は、裁縫の腕を示せるだけでなく、独創性が発揮できる格好のテーマでもあったようです。

金魚袋

1　参考作品／長さ13cm
2　参考作品／長さ13cm
3　作り方48頁／長さ15cm

1

2

3

あひる袋

参考作品／高さ13cm

ひよこ袋

参考作品／高さ7cm

にわとり袋（雌鳥）

参考作品／高さ10cm

復元制作◎水口婉子

羽に鳥のイメージに合った柄布を使うと
効果的です。

中は裏布をつけずに筒形の内袋を入れ、
すき間には綿を入れて、ふっくらした形
にします。

すずめ袋の作り方 ──作品44頁／型紙47頁

4枚はぎの胴なので、ふっくらと座りのよい鳥の袋です。

● **材料**

縮緬（モスグリーン、柄物、ピンク、赤、黒）接着芯　内袋の布ひも　赤糸

● **布の裁ち方**

くちばし以外の縮緬を接着芯で裏打ちします。胴、羽、尾は型紙に0.4cmの縫いしろをつけて裁ち、他は指定の寸法に裁ち、材料をそろえます。

● **作り方**

1──くちばしを三角形に3回折りたたみ、根元を縫いとめておきます。目は直径0.5cmに丸く切り、胴に貼りつけてまわりを赤い糸で放射状に刺しゅうします。

2──胴は前と後ろを縫い合わせ、左右を中表に合わせて、くちばしを中向きにはさみます。あけ口を残して胴のまわりを縫い、表に返します。

3──羽と尾は、表と裏を中表に合わせて返し口を残して縫い、表に返します。尾は根元で1.5cm幅に箱ひだをとります。

4──あけ口に羽と尾を仮どめし、裏に返します。

5──口べり布と中袋をあけ口に内づけします。

6──表に返し、頭の部分に綿を入れて形を整えます。

7──内袋の底を五つどめ（12頁参照）し、底にとめます。

8──ひもを通して結びます。

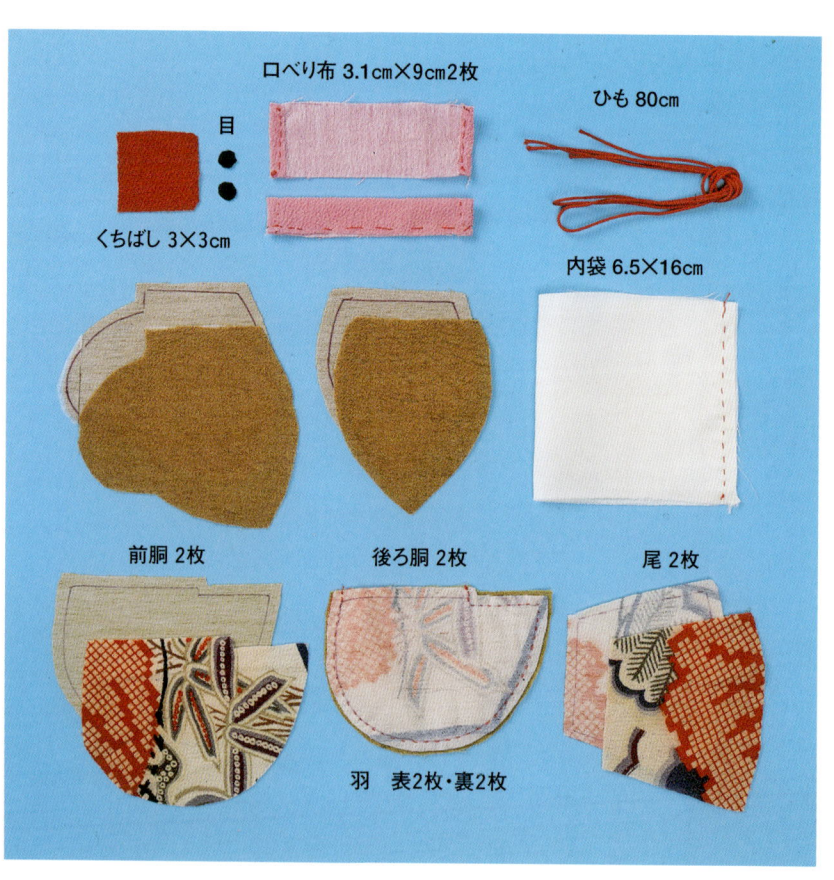

口べり布 3.1cm×9cm2枚

目

くちばし 3×3cm

ひも 80cm

内袋 6.5×16cm

前胴 2枚

後ろ胴 2枚

尾 2枚

羽　表2枚・裏2枚

口べり布と内袋を内づけします

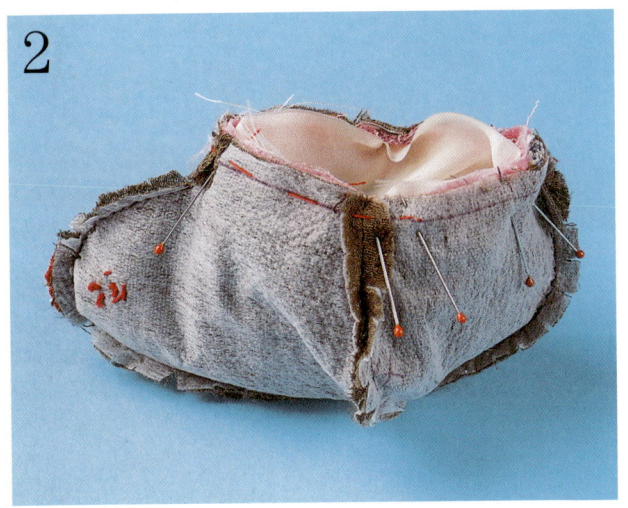

2

表袋を裏向きにしてつける

羽と尾を仮どめしておきます

1

尾は箱ひだにたたみ、しつけでとめる

すずめ袋の型紙

＊縫いしろなしの型紙

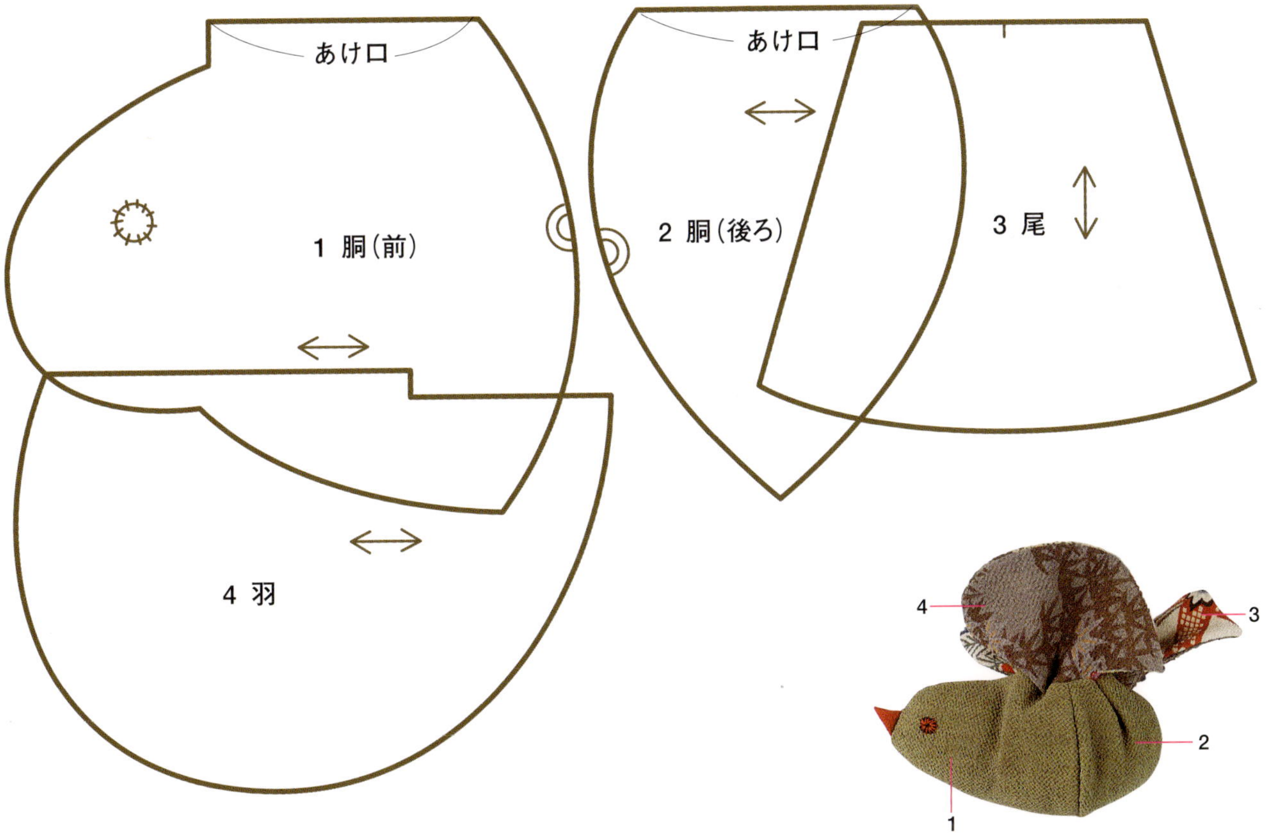

あけ口

あけ口

1 胴（前）

2 胴（後ろ）

3 尾

4 羽

4

3

2

1

●材料
縮緬（赤）　接着芯　薄手の裏布
ひも　厚手の和紙

●布の裁ち方
縮緬を接着芯で裏打ちします。胴と底の表と裏の布、尾、ひれは型紙どおり（縫いしろ0.4cmを含む）、他は指定の寸法に裁ちます。和紙は型紙どおり切ります。

●作り方

1──ひれと尾は、それぞれ2枚を返し口を残して縫い合わせます。

2──胴にえらの切り込みを入れ、片ひだをとったひれをはさみ、細かく縫いつけます。

3──口べり布2枚を仕上げ、胴のあけ口に縫いつけます。

4──胴の裏布は背を縫い合わせ、えらの縫いしろをつまんでおきます。

5──胴の左右を中表に合わせて背を縫い、裏布を当ててあけ口のまわりをまつり、縫いしろにしつけをかけます。

6──尾と胴を縫い合わせます〈写真1・2〉。

7──底布に和紙を軽く貼り、胴と縫い合わせます。そのとき、片側に底の裏布も当てて4枚をいっしょに縫い〈写真3〉、もう一方は裏布をはずして3枚を縫います。

8──底の裏布を尾にかぶせるように返し、もう一方の縫いしろにまつりつけます。

9──あけ口から尾を出し、表に返します。

10──目をつけ、ひもを通します。

金魚袋の
作り方──
作品45頁／型紙49頁

袋の中に縫いしろが出ないようにするため、胴の底布は手順よく縫いつけます。表布は実際にはピンクではなく、赤1色を使います。

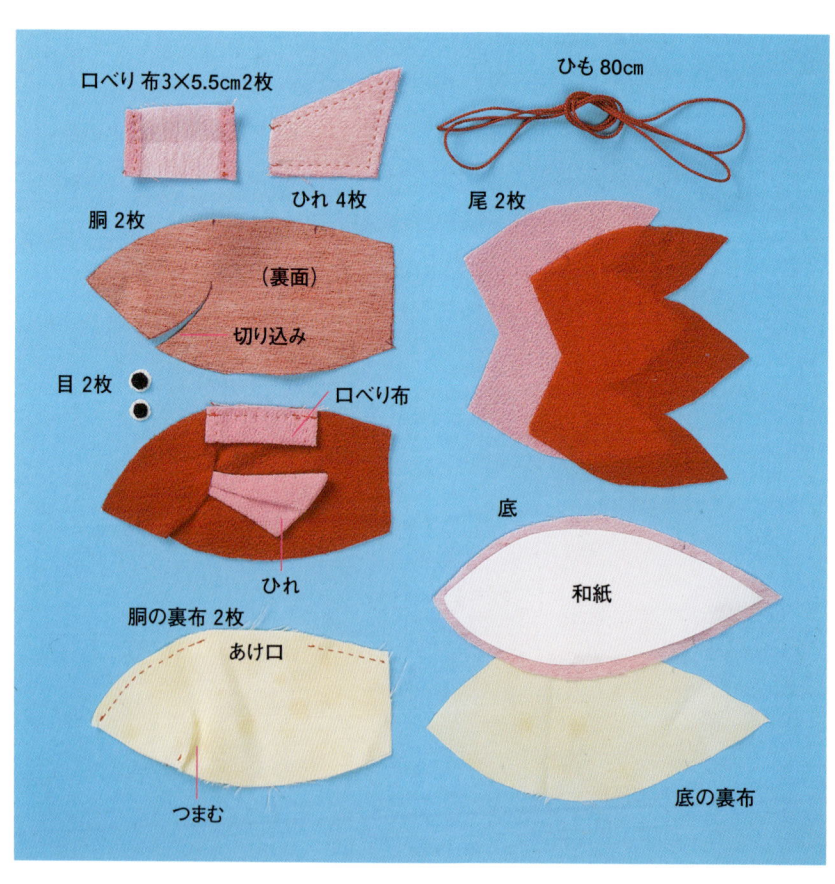

口べり布 3×5.5cm2枚　ひも 80cm
胴 2枚　（裏面）　切り込み
ひれ 4枚　尾 2枚
目 2枚
口べり布
ひれ
底　和紙
胴の裏布 2枚　あけ口
つまむ　底の裏布

底は和紙で裏打ちします

3

片側に裏布をつける

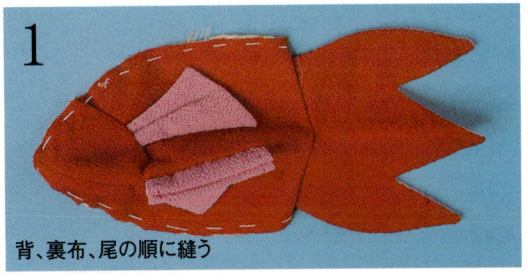

1

背、裏布、尾の順に縫う

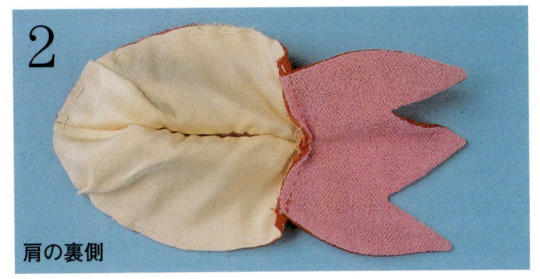

2

肩の裏側

金魚袋の型紙

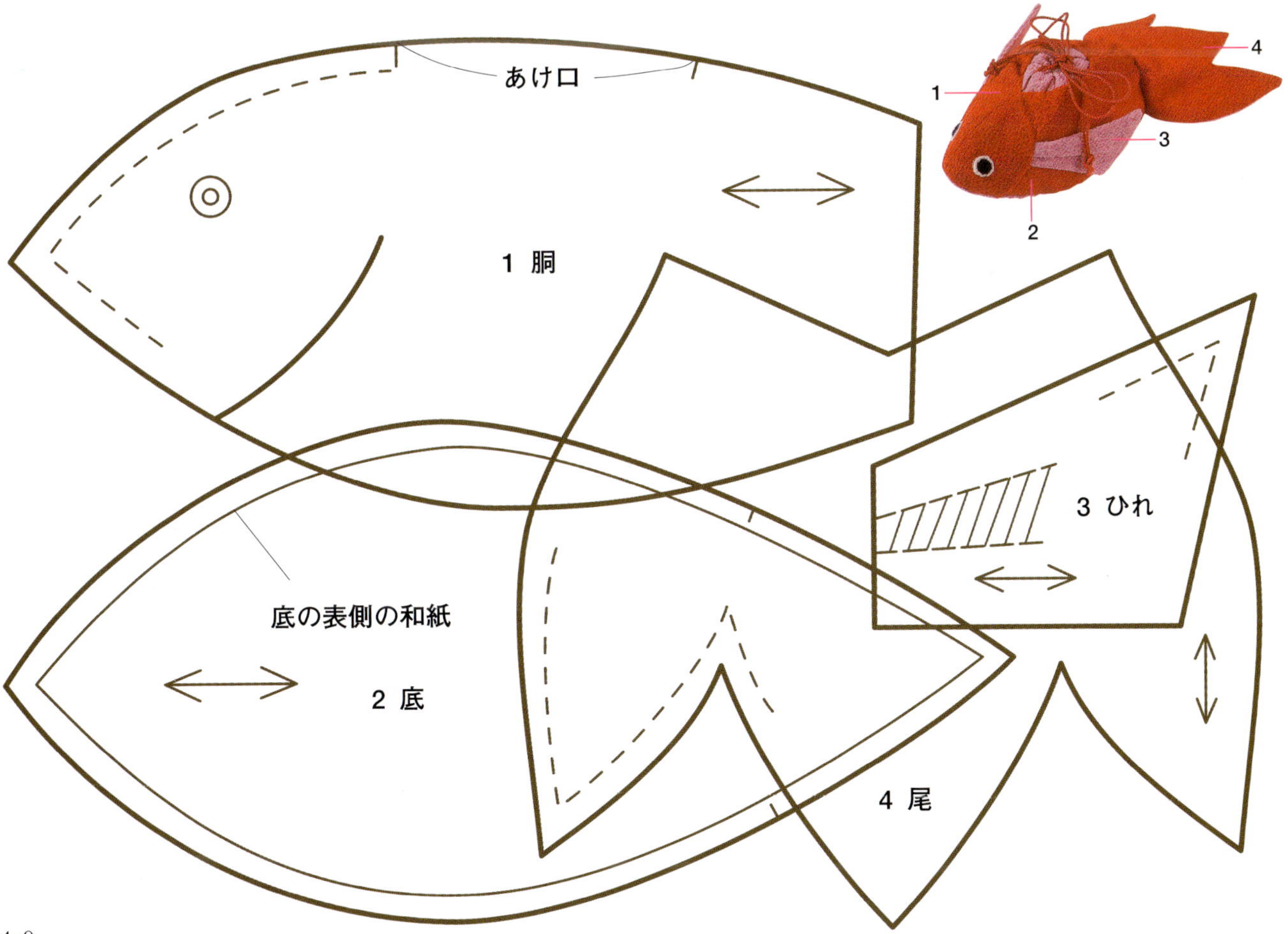

あけ口

◎

1 胴

底の表側の和紙

2 底

3 ひれ

4 尾

1
2
3
4

ほおずき袋
作り方53頁／長さ7.5cm

桃袋
作り方129頁／長さ7.5cm

ちょう
蝶袋
参考作品／幅16.5cm

柿袋
作り方52頁／長さ8cm

季節物

季節の移ろいに敏感な日本人は、四季折々の風物を小さな袋にも表現しました。春の野に舞う蝶、夏休みのせみしぐれ、浅草のほおずき市、秋の夕日にひときわ映える柿…。袋を見ていると、なつかしい日本の風景が浮かんでくるようです。

復元制作◎水口婉子

蝶袋
1 作り方130頁／幅11.5cm
2 参考作品／幅13cm

せみ袋
3 作り方131頁／長さ6.5cm
4 参考作品／長さ11.5cm

柿袋の作り方——口絵50頁

長方形の布が三角形になり、ひもを結ぶと柿の形になる不思議な袋です。いちごお手玉（20頁参照）、ころころ赤ちゃん袋（66頁参照）など、簡単にできる応用の多い袋です。

●材料
縮緬（オレンジ、緑）　接着芯　薄手の裏布　ひも

●布の裁ち方
縮緬を接着芯で裏打ちし、布を指定の寸法（縫いしろ0.4cm）に裁ちます。口べり布は1枚にします。

●作り方

1—柿の表布と裏布をそれぞれ中表に二つに折り重ねて、折り山と直角の辺を、4枚いっしょに縫います〈四つ縫い〉。

2—それぞれの布を三角形に開き、縫い目を中央にし、表に返して重ねます。

3—口べり布は二つに折り、ひもの通し穴を残して輪に縫い、縫いしろを細く縫って始末します。

4—へたを三角形に作り、あけ口に仮どめし、口べり布とともに27頁の要領で外づけします。

5—ひも1本をぐるりと通して輪にし、左右二つに分けて結びます。

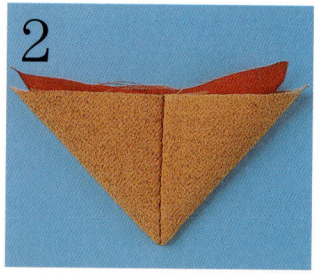
いちご袋

へたも実と同様に三角に作ります

へたの布3枚を中表に二つに折り、わと直角の脇を縫い、三角に開いて表に返します。あけ口の表側にへたを仮どめします。口べり布を二つ折りにして1か所に通し口を作り、外づけします。

へた

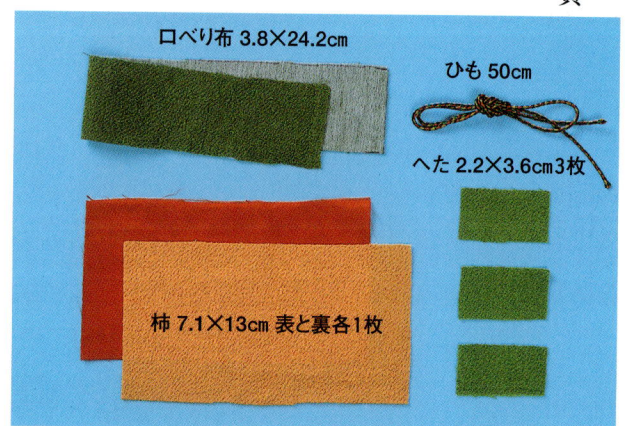

口べり布 3.8×24.2cm

ひも 50cm

へた 2.2×3.6cm 3枚

柿 7.1×13cm 表と裏各1枚

四角に縫った布を三角に開きます

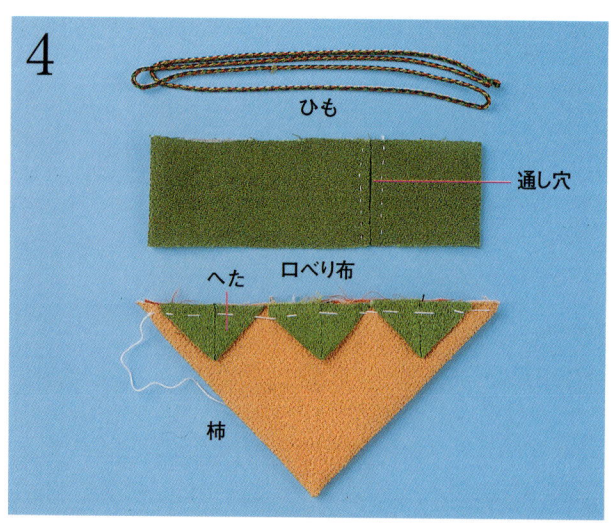
ひも
通し穴
へた　口べり布
柿

わ

折り紙の風船を折る要領で、三角形に開いて表に返します。

表と裏の布を重ね、輪と直角の一辺を四つ縫いします。

52

ほおずき袋の作り方 ——口絵50頁／型紙130頁

ほおずきの実は、内苞に上げ底のようにつけた台布の中央に縫いとめ、先の割れ目から少し見えるようにします。

ほおずき袋のかわいらしさは、ぷっくりとした赤い実の見せ方で決まります。苞（外皮）の割れ目からのぞいた実の中央には、一針赤い糸でくぼみをつけます。

●材料
縮緬（赤）　接着芯　紅絹（もみ）　内袋の布　綿　ひも

●布の裁ち方
縮緬を接着芯で裏打ちします。ほおずきの布は型紙どおり裁ちます。内袋と口べり布は指定の寸法に裁ちます。縫いしろを0.4cmにします。

●作り方

1—ほおずきの外苞と内苞を中表に合わせ、縫い止まりまで5組縫い、表に返します。

2—外苞5枚を輪に縫い、内苞同士も縫い合わせます。

3—実の布の周囲を縫い絞り、中に綿を詰めて丸くし、台布に縫いつけます。

4—内苞の布端と台布の周囲を縫い合わせます。

5—口べり布は両端を始末して二つ折りし、内袋は輪に縫います。

6—口べり布と内袋を、11頁の要領で内づけします。

7—表に返し、内袋の底を五つどめし、台布の裏にとめます。

8—ひもを通します。

実は丸い台布につけます

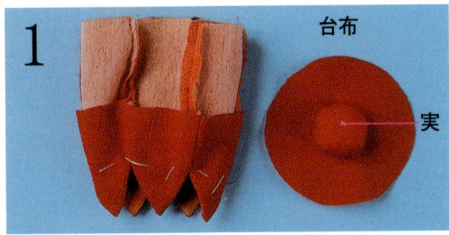

1　台布　実

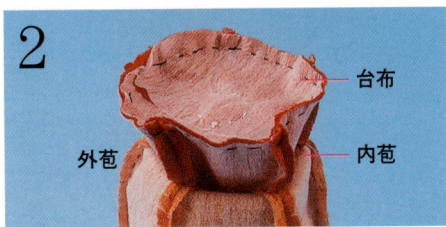

2　台布　外苞　内苞

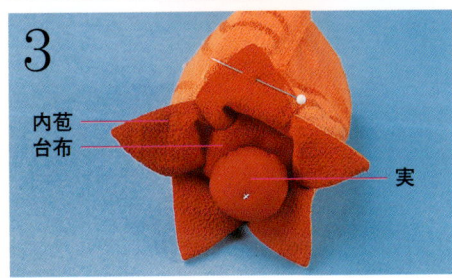

3　内苞　台布　実

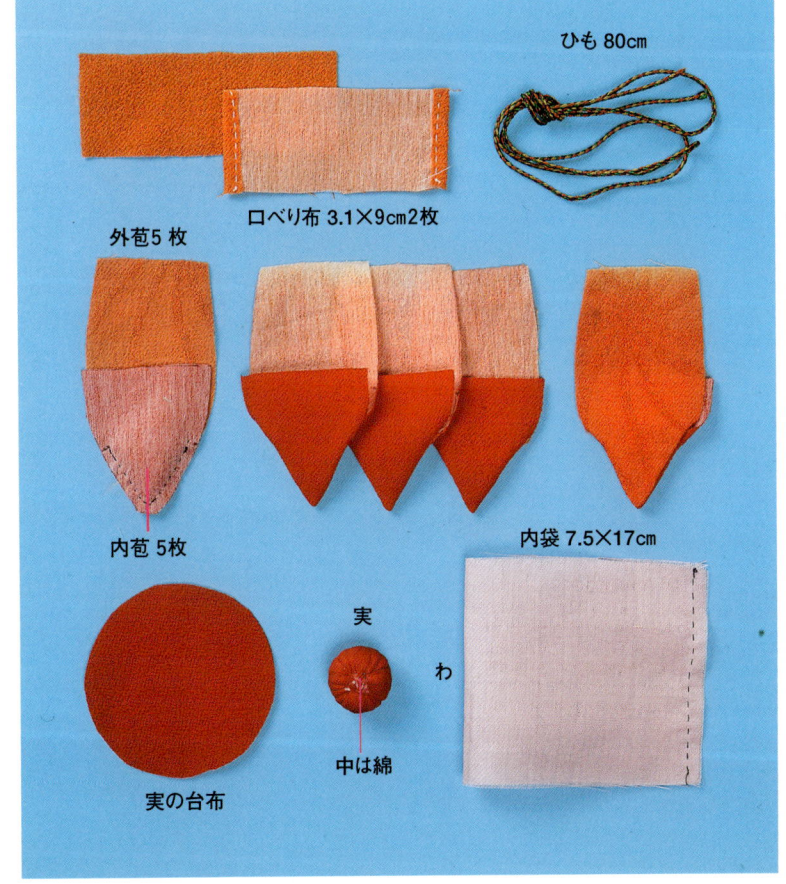

ひも 80cm

口べり布 3.1×9cm2枚

外苞5枚

内苞 5枚

内袋 7.5×17cm　わ

実　中は綿

実の台布

手先が器用で手作りが好きな人は、いつまでも若々しいといわれます。この琴爪入れを作られた林芳江さん（故人）も、百歳まで手芸を楽しんでいらっしゃいました。明治十九年生まれの林さんが趣味として手芸を始められたのは、七十歳を過ぎてからとか。娘時代に習い覚えたお裁縫の腕を活かして、この本のお細工物のほかに、人形作り、瓶細工など、いろいろな手芸に取り組まれました。九十三歳のときには『おばあさんの手芸』という本も出版されています。

当時の林さんは、ご自宅のある横浜から東京まで、手芸のお稽古や展示会に通われ、とても九十歳とは思えない研究心旺盛の方でした。手作りの品をとても大事にされ、桃のお節句には、お手製の人形をひな壇に飾り、お人形との一年ぶりの再会をうれしそうに祝われていたのを思い出します。

林さんの琴爪入れはほとんど、少女の頃（明治時代）に旗本の出身だったおばあさまから伝授されたものだそうです。これらの作品は、後にそれを思い出して作られたのですが、江戸時代のお細工物のなごりが感じられます。江戸時代の中期頃、大名や武家、商家などの裕福な家庭の女性たちの間で流行したものが始まりといわれていま

す。琴爪入れや押し絵などを受け継がれた林さんは、まさに江戸時代からのお細工物の伝承者だったわけです。

ところで、林さんのお細工物には、縮緬に限らずいろいろな布が使われています。また、袋のひもには菓子箱のひもが利用されたりしています。こうした気どりのない作品を拝見すると、どんな小さな端ぎれも大切にし、廃物を上手に工夫して生活を楽しんだ昔の人の知恵や思いがほのぼのと伝わってくるようです。

百歳まで手芸を楽しんだおばあちゃんの傑作

にわとり袋
作り方133頁／長さ10cm

林さんが十四歳のときにおばあさんから習ったものです。お嫁にきてからすっかり忘れていたそうですが、たんすの端に一羽の雌鶏だけがしまわれていたのを見つけて、一羽だけではかわいそうだったので家族にしてあげようと思いついたとか。作り方をすっかり忘れてしまって、あちこちひっくり返して見ながら雄鶏とひよこを作られたそうです。

せみ袋
作り方132頁／長さ11cm

ふと見かけたせみの絵を思い出しながら下描きを作り、縮緬や緞子の帯地で作ったものとか。ひもには引き出物の紅白のひもが利用してあります。

蝶袋
作り方131頁／長さ12cm

手ごろな派手な布がなく、古くなった縮緬で作ったものだそうです。地味な柄で作っても、それなりのおもしろさが出ます。琴爪入れの蝶袋は宮川さんの作品にも多くありますが（51頁参照）、作り手や布の彩りによって雰囲気の違ったものができ、作り方に決まりごとのないお細工物のおもしろさを感じます。

花袋の作り方134頁

復元制作◎水口婉子（原作／宮川すず）

這い子袋
参考作品／長さ10cm

**ケープつき
人形袋**
参考作品／高さ10cm

猿人形袋
参考作品／高さ12cm

立ち人形袋
参考作品／高さ15cm

人形袋

這（は）えば立て、立てば歩めの親心……
その思いを人形に託し、
わが子の愛らしい姿を袋に写します。
人形の着物にはとっておきの花縮緬（ちりめん）、
その袖口には小さな小さな手をつけて、
無邪気な笑顔を思い浮かべながら顔を描きます。

時が経ち、縮緬の色があせても、
子を思う母の思いは
いつまでも人形袋に宿っているようです。

はいはいをする赤ちゃん、手まり
で遊ぶ赤ちゃん、お座りの赤ちゃん、
立てるようになった赤ちゃん……い
ろいろな姿の人形袋がそろいまし
た。猿回しのお猿袋は、四角い布か
ら手足をつまみ縫う、ぬいぐるみ人
形の古い形。赤い色は魔除けとめで
たさを表わしています。

唐子立ち人形袋
参考作品／高さ10cm・15cm

裏側

A 這い子袋
作り方58頁／長さ11cm

B まり持ち人形袋
作り方62頁／幅8cm

C ケープつき人形袋
作り方61頁／高さ7.5cm

（他の這い子袋は参考作品）

C

B

A

這い子袋の作り方

赤ちゃんが腹ばいになってはいはいをする姿の袋です。

胴が着物になっており、布を左右に分けて、腹の中央で縫い合わせます。

背に小さな内袋を入れます。

赤ちゃんらしく、よだれかけをつけるのが特徴です。

●材料

縮緬（柄物、赤、ピンク、白）　内袋の布　ひも80cm　綿　赤と黒の顔料　接着芯

●布の裁ち方

顔以外の縮緬を接着芯で裏打ちします。胴の布は、型紙の裏と表を写して縫いしろ0.4cmを加え、左右対称に2枚裁ちます。他は指定の寸法に裁ち切ります。ふきは一重でもかまいません。

1 手足は四角い布を折りたたみます

●作り方

1 ── 2cm角の白縮緬を2回折って三角形を作ります。両端の折り山が二つあるほうから先に折って重ね合わせます。布が開かないように根元を縫いとめます。折り山が二つのほうが両側の親指になりますので、手と足の左右、上下の向きに気をつけて作りましょう。

2 頭は丸く縫い絞って綿を詰めます

2 ── 白絹または裏打ちをしない縮緬を直径6.5cmの円に裁ち、1本どりの8番糸で、0.4cmの縫いしろでぐし縫いします。布に綿（青梅綿か化繊綿）を重ねて置き、丸く形を整えながら糸を引きしめてとめます。

3 ── 顔の表情は顔料や墨で描きます。中央の鼻の位置にまち針を打ち、面相筆を使って目と髪、口を描きます。ほおには、化粧用のほお紅を薄く塗ります。表情は61頁のように、黒糸や赤糸で目や口を刺しゅうしてもよいでしょう。

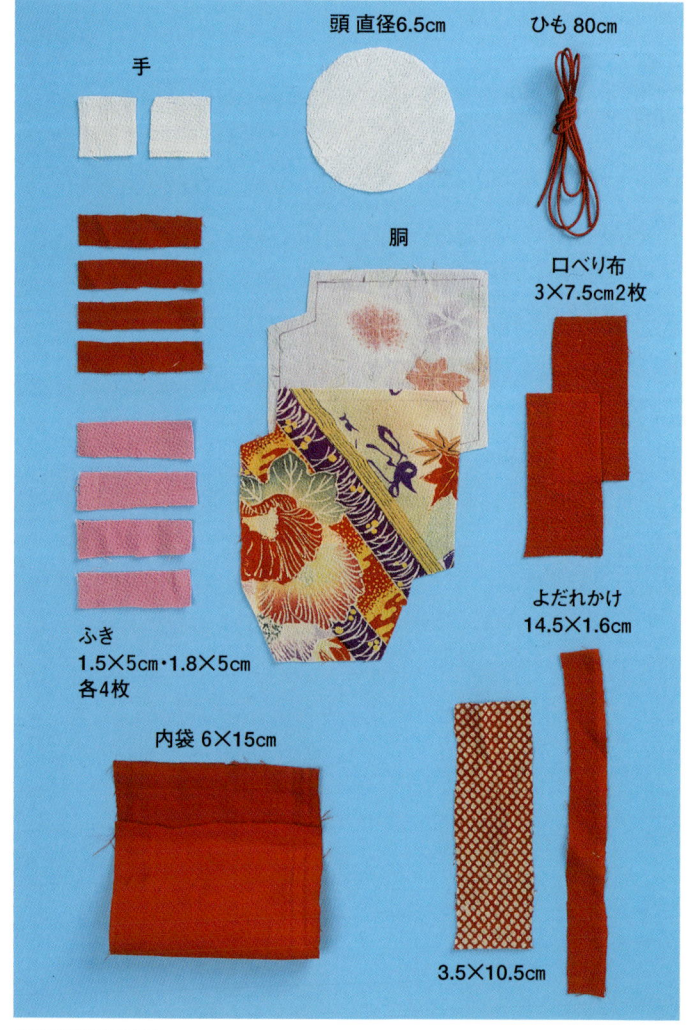

手

頭 直径6.5cm

ひも 80cm

胴

口べり布 3×7.5cm2枚

よだれかけ 14.5×1.6cm

ふき 1.5×5cm・1.8×5cm 各4枚

内袋 6×15cm

3.5×10.5cm

胴の型紙は60頁

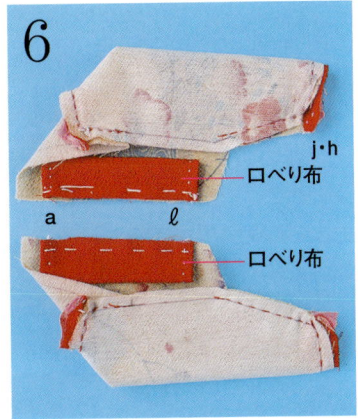

6

j・h

口べり布

a　ℓ

口べり布

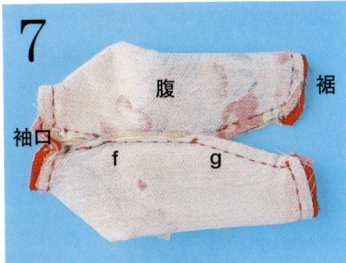

7

腹　　裾

袖口　f　　g

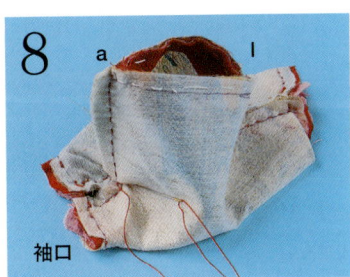

8

a　　　l

袖口

9

内袋

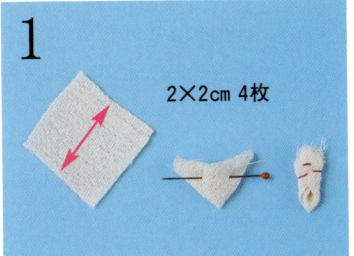

1

2×2cm 4枚

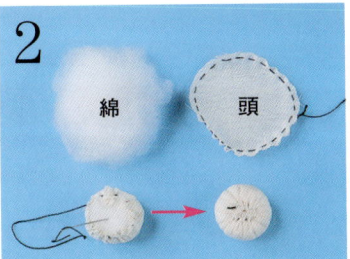

2

綿　　頭

3

顔料

面相筆

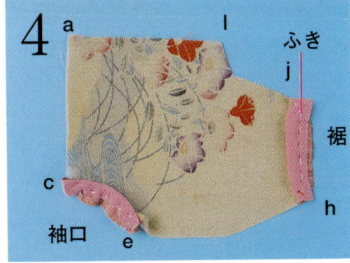

4

a　　　l　　ふき

j

裾

c

袖口　e　　h

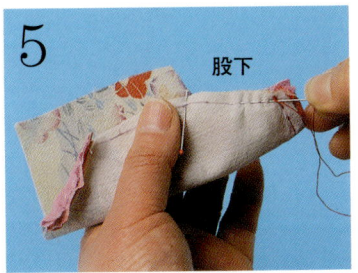

5

股下

3 胴は左右に分けて作り、 背に袋を入れます

　胴は手や足のついた複雑な形ですが、作り方の要領は4頁の桜袋と同様です。縫い方は4〜9の順に、角から角までを細かく縫い、角で1針返し縫いをします。

4—胴は左右に分け、63頁の要領で袖口と裾に二重にふきをつけます。

5—ghとkjを中表に合わせ、左右の股下を縫います。同様にbcとfeを合わせて左右の袖を縫います。

6—口べり布の両端を始末して二つ折りにし、あけ口にしつけでとめておきます。

7—左右のfgを合わせ、腹の中央を縫います。

8—胴の前側abと後ろ側lkを中表に縫います。内袋を輪に縫い、胴を裏向きのままで内側の口べり布に重ね、11頁の要領で内づけします。

9—胴を表に返し、袖と裾に綿を薄く入れて形を整え、内袋の底を五つどめして中に入れ、底の内側に縫いとめます。

12

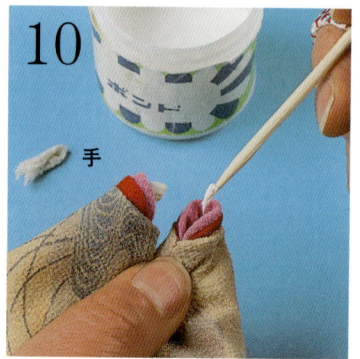

10

13

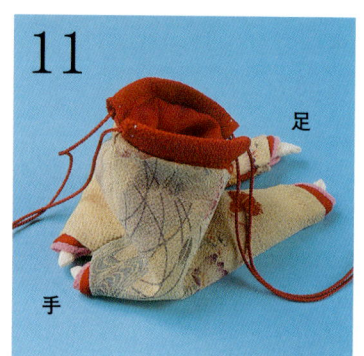

11

足

手

10—手足を袖口と裾に差し込んで、接着剤
で貼りつけます。

11—口べり布にひもを通します。

12—内袋に綿を詰めて形を整え、ひもを結
びます。頭の位置を決めてまち針でと
め、ひもをほどいてかがりつけます。

13—よだれかけを下記のように作り、首の
まわりに結びつけます。ひざの裏の部
分をつまみ縫いすると、かわいらしい
ポーズになります。

胴の実物大型紙

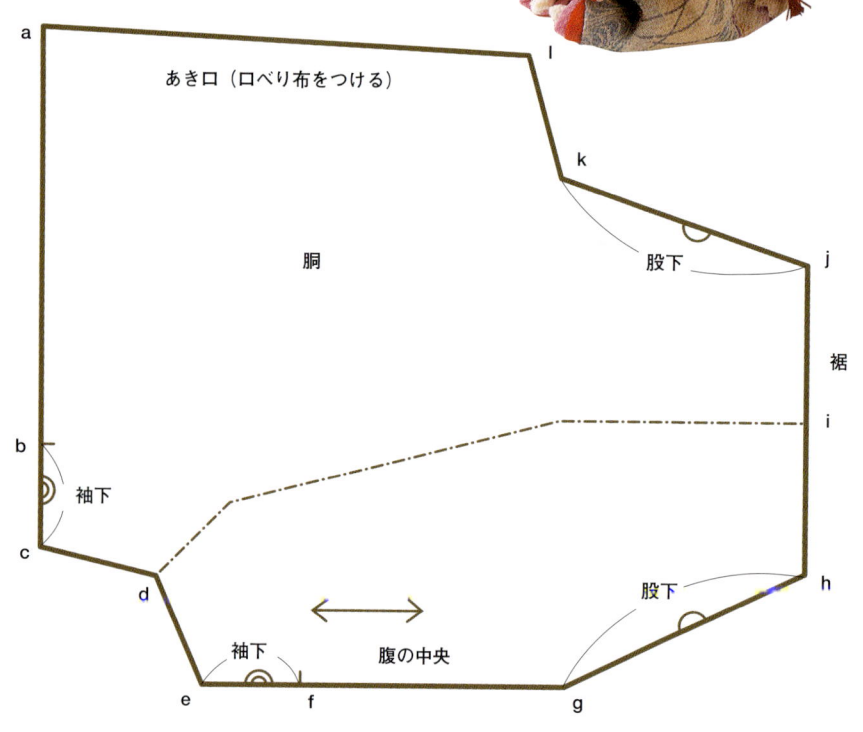

a

l

あき口（口べり布をつける）

k

胴

股下

j

裾

i

b

袖下

c

d

股下

h

袖下　　腹の中央

股下

e　　f　　　　　　　g

よだれかけの作り方

よだれかけの布の両端を縫って
二つに折り、中央に向かってひ
だをとり、7cm幅にします。よ
だれかけとひもを中央に合わせ
て縫い、ひもを中表に二つに折
って縫い、表に返します。残り
の縫いしろは、よだれかけにま
つりつけます。ひもの先に飾り
糸をつけます。

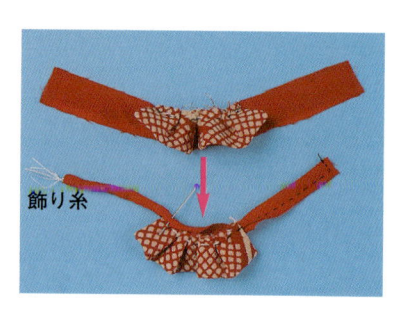

飾り糸

ケープつき人形袋の作り方

口絵57頁

●材料

縮緬（柄物、ピンク、赤、白）　鹿の子絞り　薄手の裏布　接着芯　太い毛糸　ひも　厚紙＝底の台紙　綿

●布の裁ち方

頭以外の縮緬は接着芯で裏打ちし、指定の寸法に布を裁ち切ります。縫いしろは0.4cmです。

●作り方

1—頭は58頁の要領で丸く作ります。

2—胴の表布と裏布を輪に縫い、表布の裾にふきをつけます。

3—底は台紙を表と裏の底布ではさみ、胴の表布と裏布の間にはさんで縫い合わせます。

4—ケープの2枚の布を中表に縫い合わせ、二つに折って両脇を縫い、表に返します。

5—胴を裏に返し、表布の両側にケープを仮どめします。

6—口べり布は両端を始末して二つに折り、ケープに重ねて内づけします。

7—胴を表に返し、裏布をまつりつけます。

8—胴に頭をかがりつけ、目、髪、口を糸でひきます。

9—ひもを通します。

顔は、その位置や表情によってかわいらしさが違います。袋に綿を入れてひもを結び、実際に顔を当てて位置を決めましょう。初心者は表情を糸で引いたほうが、失敗が少ないようです。

裾にふきをつけます

太い毛糸を、二つ折りにした裾のふきの布ではさみ、しつけをかけて、胴の裾に縫いつけます。

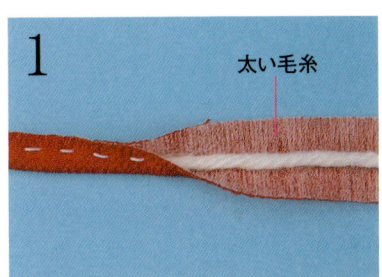

1　太い毛糸

2　台紙

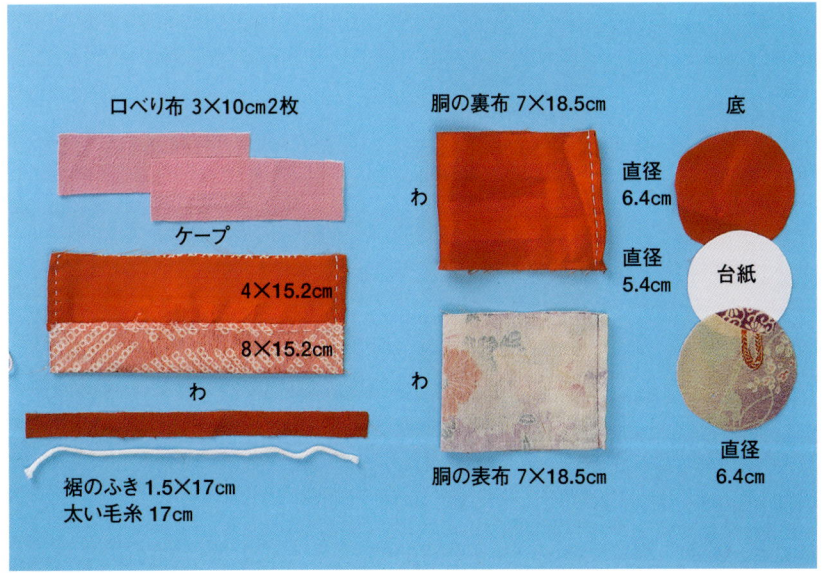

口べり布 3×10cm2枚

胴の裏布 7×18.5cm

底

直径 6.4cm

直径 5.4cm

台紙

ケープ

4×15.2cm

8×15.2cm

わ

わ

わ

裾のふき 1.5×17cm
太い毛糸 17cm

胴の表布 7×18.5cm

直径 6.4cm

●作り方

1―頭と手を58頁の要領で作ります。

2―手まりはティッシュを丸めて糸を巻き、糸で巻きかがります。

3―底は表布と裏布の間に台紙をはさみます。

4―胴は表と裏の布を輪に縫い、裾に底をはさんでいっしょに縫います。

5―口べり布は両端を始末して二つに折り、表布のあけ口に内づけし、裏布をまつります。

6―袖口にふきをつけ、袖を筒状に縫います。袖に綿を詰め、手をつけ、縫いしろを折り込んで胴にかがりつけ、手まりを持たせます。

7―ひもを通し、胴に頭をつけ、よだれかけをつけます。

●材料

縮緬(柄物、ピンク、赤、白) 接着芯 鹿の子絞り 薄手の裏布 ひも 厚紙＝底の台紙 綿 てまり

●布の裁ち方

縮緬を接着芯で裏打ちします。胴、袖は型紙に縫いしろ0.4cmを加え、他は指定の寸法に裁ちます。

まり持ち人形袋の作り方――
口絵57頁／型紙63頁

袋ができ上がってから、頭と袖をつけます。袋は縫い目を後ろ中央にし、ひもの通し口を両脇にします。

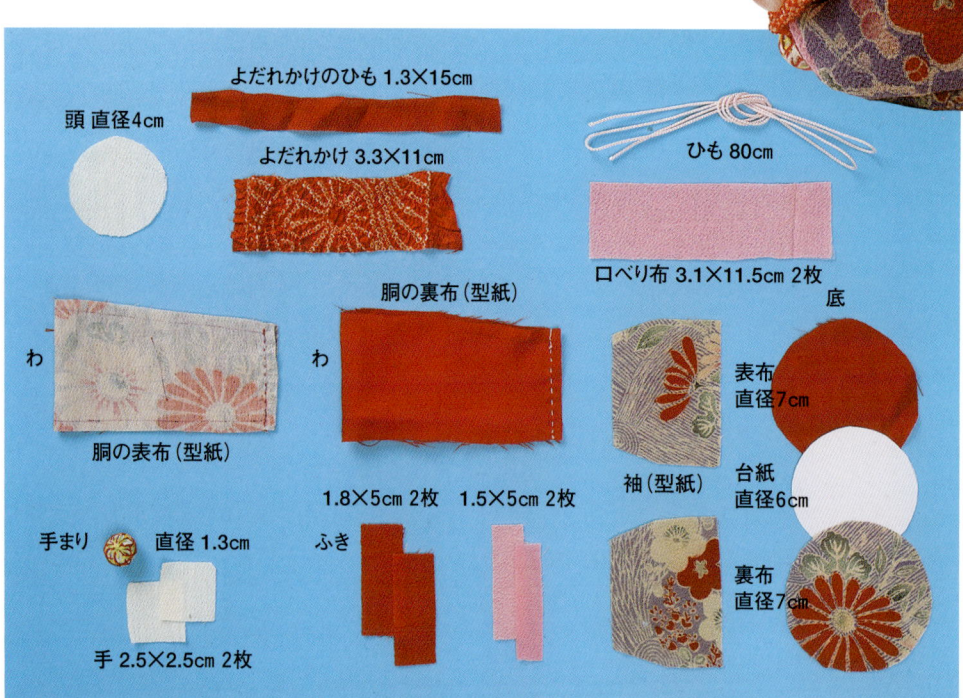

よだれかけのひも 1.3×15cm

頭 直径4cm

よだれかけ 3.3×11cm

ひも 80cm

口べり布 3.1×11.5cm 2枚

胴の裏布 (型紙)

わ

わ

底

表布 直径7cm

台紙 直径6cm

裏布 直径7cm

胴の表布 (型紙)

1.8×5cm 2枚　1.5×5cm 2枚

袖 (型紙)

手まり 直径 1.3cm

ふき

手 2.5×2.5cm 2枚

まり持ち人形袋の型紙

1 胴

袖のつけ位置

わ 2 袖

三番叟袋（67頁）の型紙

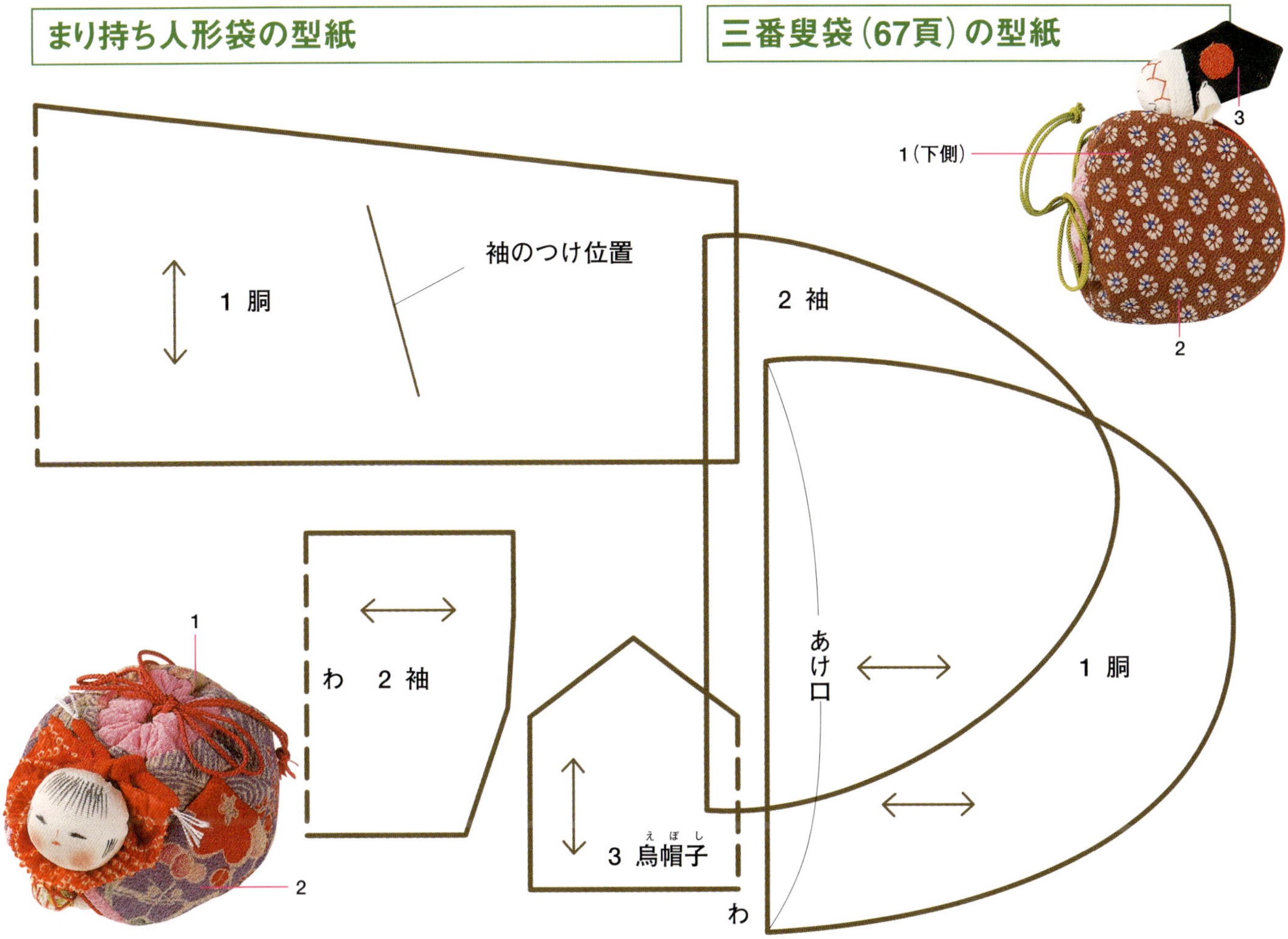

1（下側）

3

2

2 袖

あけ口

1 胴

3 烏帽子（えぼし）

わ

1

2

袖口のふきのつけ方

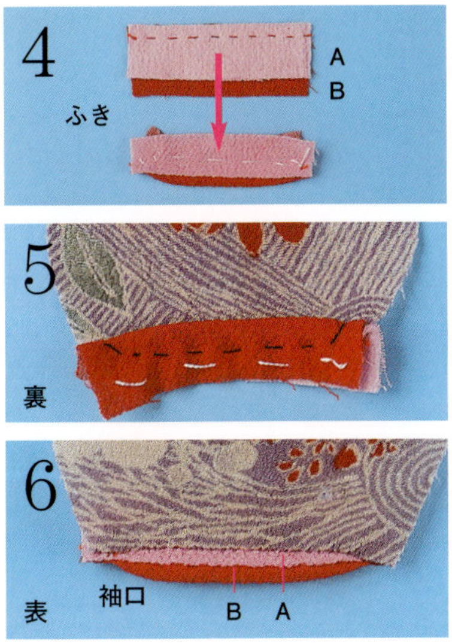

4

ふき

A
B

5

裏

6

表　袖口　B A

幅の狭いＡが袖口に近いふきです。2枚を中表に縫い合わせ、Ａを表へ折り返します。Ｂのふきの中央を0.1cm強出し、しつけでとめます。Ａの中央も0.1cm強出し、袖口にふきを中表に縫いつけ、縫いしろを裏側へ倒します。縫い止まりは、ふきを出さないのがポイントです。

底に台紙を入れ、胴の表と裏の布ではさんで周囲を縫います

3

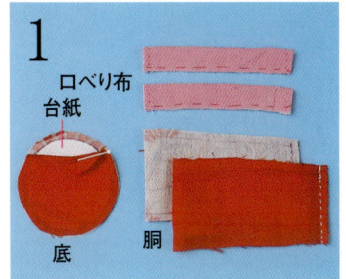

胴の裏布を、ロべり布にまつります。

2

底に胴を縫いつけ、ロべり布を内づけします。

1

ロべり布
台紙

胴

底

底は台紙を表と裏の布ではさんでしつけでとめ、ロべり布は二つ折りにします。

各地で伝承された 愛らしい這い子袋

制作者不明

制作／林芳江（横浜市）
長さ11㎝

所蔵／井村嘉代子（名古屋市）
左の高さ7㎝
右の長さ7㎝

制作／水口婉子（上野市）
長さ15.5㎝

所蔵／藤井美術民芸館
（高山市）
長さ7㎝

地方によって、這い子袋の用途はさまざまです。子どもが生まれたときの〝その緒〟を入れたというところもあったようですが、飛騨高山の這い子袋などは、子どもが授かるようにと願うお守りとして使われたり、旅立つ知人に自分の分身として贈ったりしたといわれています。また、ある地方では子どもをあやす道具に作られたともいわれます。這い子袋は、明治、大正時代のお細工物の教科書にも紹介されていますが、各地で姿形の違ったものが伝承されています。医療が未発達の時代には、幼くして亡くなる子どもも多く、それだけに健やかに育ってほしいと願う母親が、わが子の無事を一針一針に託して縫ったのではないでしょうか。

◎ちりめん細工に寄せて

這い這い人形

國分綾子

美しい着物を好んで着た昔の京の女性は、秘蔵の着物の端ぎれを大切にし、それを使ってよく小袋や人形を楽しんで作ったと聞く。ある時、知り合いの青年が「母が亡くなりまして後、母の身辺を整理してこんな物を見つけました。いつこんな物を作っていましたか判りません。親しゅうしていただいた方に少しずつ貰うていただこうと思いまして…」と言って見せたのが、箱いっぱいの這い這い人形だった。少し青味を帯びた白縮緬のよだれかけをし、両手をつき、両足を後に這っているかたちは、古代の這子という人形に似

京都の名菓 "洲浜"（すはま）の老舗（しにせ）・植村の女主人、植村勝子さんが20年間に作りためられた這い這い人形。そのうち2体が國分さんに贈られた。

ている。よだれかけの細ぐけの紐（ひも）が首の後にピンと結んであり、背中のところが袋の口になって、四つ組にした紐が通してある。白い羽二重（はぶたえ）でできている顔は、細い目と口が前髪の一筋一筋とともに、面相（めんそう）という細い筆で描かれているのだろう。人形はみんなでどれほどあるのか、一つ一つ同じ調子で顔が描かれ、うす紅の布をちらと見せた袖口から洩れた白い手、もんぺのような足許（もと）から裾回しの布を見せ、中から白い足をのぞかせるこまやかさ。とめるところは糸目も見せずしっかりととめてある。

青年は創業明暦三年という京の老舗（しにせ）に生まれた。洲浜（すはま）という菓子の製造販売をして十三代目の主人を父とする一人息子だが、この父は若くして亡くなり、後は母の手一つで育った。その母が子育ての他にも老舗の経営にたずさわり、夜に入ってようやく肩の荷を下したように好きな人形作りに励んだものらしい。息子さんは立派に成人して十四代目を嗣（つ）ぎ、家業に専心している。その後母堂は病を得て亡くなり、前記の夜業仕事の数多い人形が見つかったという次第。洲浜を好んだ私の母がよく買いにゆき、母堂とも親しかったというので、私はこの人形を二体いただいた。今も亡き人を偲（しの）んで、冥福を祈っている

ころころ赤ちゃん袋

52頁の柿袋と同じ要領で胴を作り、扁平に作った顔をまつりつけます。顔をつけるときは、袋のひもをしめて適当な位置を決めます。

●布の裁ち方

胴の縮緬（ちりめん）は裏打ちします。布は、顔3×3cm、胴の表布・裏布各6.2×11.2cm、口べり布2.6×11.2cm 2枚、よだれかけ2.6×7.5cmに裁ちます。ひもは25cm 2本。

●作り方

1―胴は52頁の柿袋の実の要領で表布と裏布を重ねて縫い、三角形に開きます。
2―あきに口べり布をつけます。
3―ひもを通して結びます。
4―顔の台紙を1円玉の大きさに切り、76頁の押し絵の要領で綿をのせ、白の縮緬でくるみます。髪や目を黒糸で、口を赤糸でひきます。ほおに薄く紅を塗ります。
5―袋の適当な位置に顔を置き、よだれかけをはさんで、顔のまわりをまつります。

制作／水口婉子 長さ6cm

足の実物大型紙

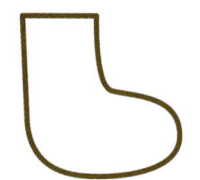

よちよち赤ちゃん袋

●布の裁ち方

頭＝7×7cm、下衿＝1.7×7.5cm、着物の衿＝2×7.5cm、口べり布＝3.5×17.5cm 2枚、フリル＝5×105cm、表袋・内袋＝各15×35cm。

●作り方

1―頭は、布の中央を直径5cmに丸くぐし縫いし、中に綿を詰めててるてる坊主に作り、顔を描きます。
2―首に2枚の衿（えり）を巻きます。
3―表と裏の袋を輪に縫います。
4―フリルを二つ折りし、袋の幅に箱ひだをとり、あけ口にしつけでとめます。
5―85頁の要領で、口べり布と内袋を内づけします。このとき、内袋の頭をつける位置はあけておきます。
6―足は型紙に縫いしろをつけて4枚の布を裁ち、袋に縫って綿を詰め、底の中央に仮どめします。
7―底を縫い縮めて閉じます。
8―内袋の底を85頁の要領で始末します。
9―頭をあけ口に差し込み、かがりつけます。
10―ひもを通します。

制作／水口婉子（原作／宮川すず）長さ16cm

「三番叟」とは歌舞伎の幕開きに行なうおめでたい舞です。衣装の大きな袖と烏帽子が特徴です。

●材料
縮緬（柄物、ピンク、赤）　紅絹
白絹＝頭　白縮緬の耳布＝はちまき　黒繻子＝烏帽子　綿　ひも　接着芯

●布の裁ち方
縮緬を裏打ちします。胴、袖、帽子は、型紙に0.4cmの縫いしろをつけ、ほかは指定どおり裁ちます。

●作り方
1—胴の表布と裏布各2枚を中表にし、重ねて四つ縫いします。
2—左右の袖に裏をつけ、あき口に仮どめします。
3—口べり布は27頁の要領で外づけし、ひもを通します。
4—頭を丸く作り、胴にかがりつけます。
5—烏帽子を作ってかぶせ、はちまきを巻きます。

後ろ

制作／水口婉子（原作／宮川すず）　高さ8cm（小）・9cm（大）　型紙63頁

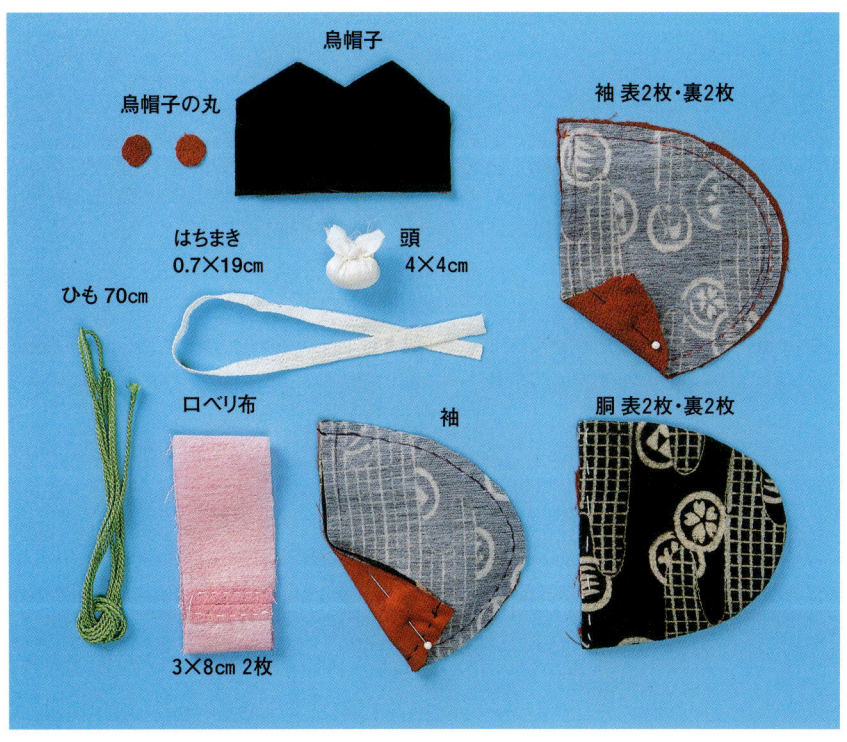

烏帽子
烏帽子の丸
袖 表2枚・裏2枚
はちまき
0.7×19cm
頭
4×4cm
ひも 70cm
口べり布
袖
胴 表2枚・裏2枚
3×8cm 2枚

越後獅子人形袋

●**材料**
着物地　白の布＝顔、手　赤の布＝腰ひも、獅子頭の舌　綿　ひも

●**布の裁ち方**
写真を参考に裁ちます。

●**作り方**
1—手は丸い布を四つに折り、手首に縫い絞ります。
2—写真を参考に、袖、胴、袴を部分的に仕上げておきます。
3—袖に綿を詰めて手をつけ、胴に縫いつけます。
4—胴に綿を詰め、袴を上部を少し縫い縮めて縫いつけます。縫い目に腰ひもをまつりつけます。
5—顔は袋に作って綿を詰め、獅子頭をかぶせ、あごひもをつけます。
6—口べり布をつけて、ひもを通します。
7—顔を描きます。

制作／須藤久美子 長さ15㎝

「越後獅子」は越後（新潟県）から出た獅子舞いです。正月などに門付けをしながら、少年が獅子頭をつけて逆立ちなどの芸をします。今では、歌舞伎の舞踊や時代劇などで見られるだけになりました。人形の着物の裾を袋にすると、物を入れたとき不自然な形になりますが、逆立ちやとんぼ返りが得意な越後獅子なら、どんな格好になっても自然に見える愉快な袋です。着物と袴の部分に分けて作り、袴を袋にします。

あごひも　顔 5×5cm2枚

袖 4×6cm2枚

手 直径3cm

耳

舌

獅子頭 4×10cm

胴 5×11cm

腰 ひも 2×22cm

袴 7×14cm

口べり布 3×10cm2枚

獅子頭の作り方
後ろ中央に縫い目がくるよう、輪に縫い、三角形の耳を上部にはさみつけます。布をつまんで舌をつけ、目を刺しゅうします。

おむすび型のお姫様。あけ口の裾が幅広いので、たっぷりと中身が入ります。ポプリや防虫剤のケースに利用するのも一案です。

● 材料

着物地　和紙＝裏打ち　黒襦子＝髪　白の布＝顔　赤の布＝衿　ひも　綿

● 布の裁ち方

着物と口べり布は、和紙で裏打ちします（やまとのりを水で薄めて縫いしろを軽く貼り合わせる）。写真を参考に人形を描いて型紙を作り、縫いしろをつけて布を裁ちます。

● 作り方

1 ─ 顔は首側をあけて袋に縫い、薄く綿を詰めます。

2 ─ 首に二つ折りした下衿を巻いて詰め口を閉じます。

3 ─ 髪は前後を縫い合わせてかつらに作り、顔にかぶせて接着剤で貼ります。

4 ─ 着物は脇を縫って筒状にし、顔を差し込み、上衿を巻きつけます。

5 ─ 内袋を袋に縫い、裾から着物に入れます。

6 ─ 裾の口べり布をつけ、ひもを通します。

7 ─ 顔の表情を描きます。

姫人形袋

制作／須藤久美子　長さ18cm（大）・15cm（小）

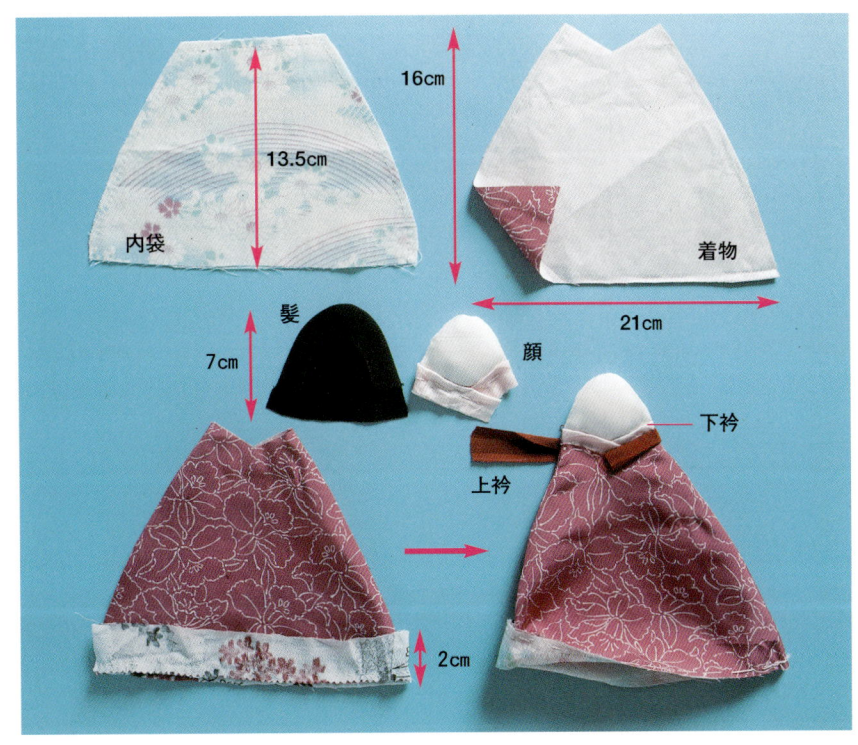

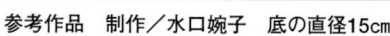

参考作品　制作／水口婉子　底の直径15cm

かごめ遊び袋

「かごめ、かごめ、かごの中の鳥は…」と子どもたちが輪になって遊んでいる様子が袋になっています。昔の袋をヒントに水口さんが考案したもので、作り方は仲よし袋と同じ要領です。人形の着物を筒状に縫い合わせ、後で頭と袖をかがりつけます。着物は、子どもらしく腰上げと肩あげのひだをとります。袋の口を閉じたときに頭が中央に寄らないよう、口べり布の幅を広くしています。

真横

参考作品　制作／林芳枝

仲よし袋

向かい合った男の子と女の子が、二人で力を合わせて、袋を開いたり閉じたりしているようにも見えます。輪になった手にひもを通し、袋の開閉に合わせて手が動くしかけです。作者の林さんが若い頃に知り合いのおばあさんから教えてもらった袋だそうです。

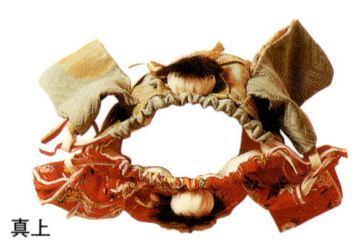

真上

所蔵／藤井美術民芸館　参考作品　底の直径11㎝

いつの時代にも、見知らぬ外国は人々の好奇心をかきたてます。昔の人々にとって外国といえば、中国でした。今日の子どもたちが西洋人形をいつくしむように、唐子人形はおもちゃや細工物になって親しまれていました。高山祭りの山車のからくり人形もやはり唐子です。この袋は、楽しい祭りの人気の的であったからくり人形からヒントを得たのかもしれません。

唐子人形袋

底面

所蔵／藤井美術民芸館　参考作品　底の直径16.5㎝

一人一人着物や表情の違う福助が、外向きにずらりと並んだ珍しい手さげ袋です。着物と袴の形が、パズルのようにきっちりと平面に納まり、その上に丸い顔がかがりつけてあります。着物にはピンクや赤の布が使われ、底は扇の布4枚を縫い合わせ、松葉かがりで飾ってあります。おめでたいときに使った袋と思われます。

福助袋

底面

お守り・巾着 <ruby>巾<rt>きん</rt></ruby><ruby>着<rt>ちゃく</rt></ruby>

医学が未発達だった時代、
わが子の無事を願って、悪疫を払い、
魔除けにと作られたお守り袋。
一針一針に親のせつせつたる思いがこめられています。
四季の行事やお節句の中から得た題材も豊かです。

巾着は袋物の一種で、あけ口にひだを寄せてひもを通した袋です。元来、小銭入れや刻みたばこの袋として男の人が腰に下げていたものです。それが江戸後期から明治にかけて、幼児が迷子にならないためのお守り袋として使われるようになり、真鍮に住所や名前を彫った<ruby>迷子札<rt>しんちゅう</rt></ruby>や守り札、薬などが納められました。巾着はさらに、<ruby>宮詣<rt>みやまい</rt></ruby>りや子どもが晴れ着を着たときの飾りにも使われるようになり、その家の特長を出したりして、さまざまな形に作られるようになりました。

ここでご紹介する巾着は、裁縫の先生だった宮川すずさん（30頁参照）の手本作品を、水口婉子さんに復元していただいたものです。桃太郎、金太郎、鎧などの巾着は、雄々しい男児に育ってほしいという願いがこめられた男児用、かわいらしいうさぎの巾着は女児用と思われます。これらの巾着は5〜10cmくらいの大きさで、かっちりとした形の巾着は押し絵の技法で作られています。

みみずく　　<ruby>胡蝶<rt>こちょう</rt></ruby>　　桃太郎

胡蝶（裏面）　　<ruby>奴<rt>やっこ</rt></ruby>さん　　うさぎ

せみ

巾着をさげた赤ちゃん

うさぎ

ひげうさぎ

福助

笠猿

亀（裏面）

金太郎

うさぎ
作り方は77頁

ねこ
作り方は74頁

亀

鎧

ねこ巾着の作り方

——口絵73頁

押し絵の技法で作る、かっちりとした形の巾着です。布の下に綿を入れてふくらみを出します。布端は台紙の裏に貼りつけて始末します。

●材料
縮緬（白、赤、柄物）　薄手の裏布　鹿の子絞り
綿　厚紙＝台紙　ひも

●布の裁ち方
顔、巾着、胴の台紙は、厚紙を型紙どおり切り、くるむ布は周囲にのりしろ0.5cmをつけて裁ちます。巾着の表布と裏布は、型紙に0.5cmののりしろをつけて裁ち、よだれかけとフリルは、指定の寸法に裁ち切ります。

後ろ

前

幅12cm

一般的な巾着は前も後ろも左のような形が多く、ひもを飾り結びにします。

実物大型紙

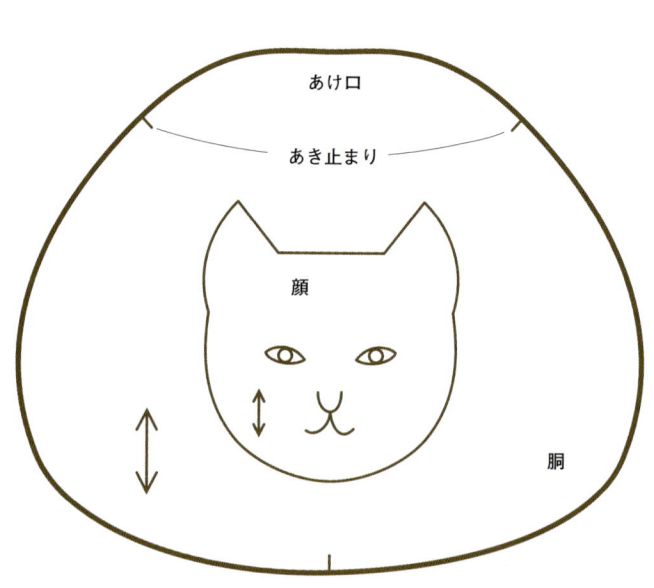

あけ口

あき止まり

顔

胴

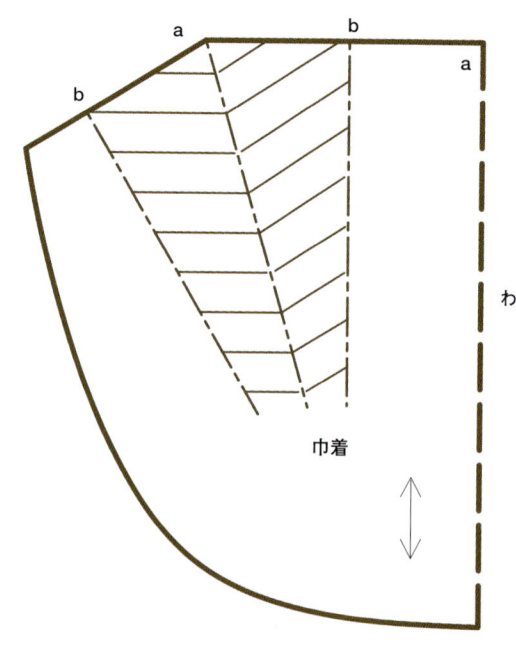

a　b

b

a

わ

巾着

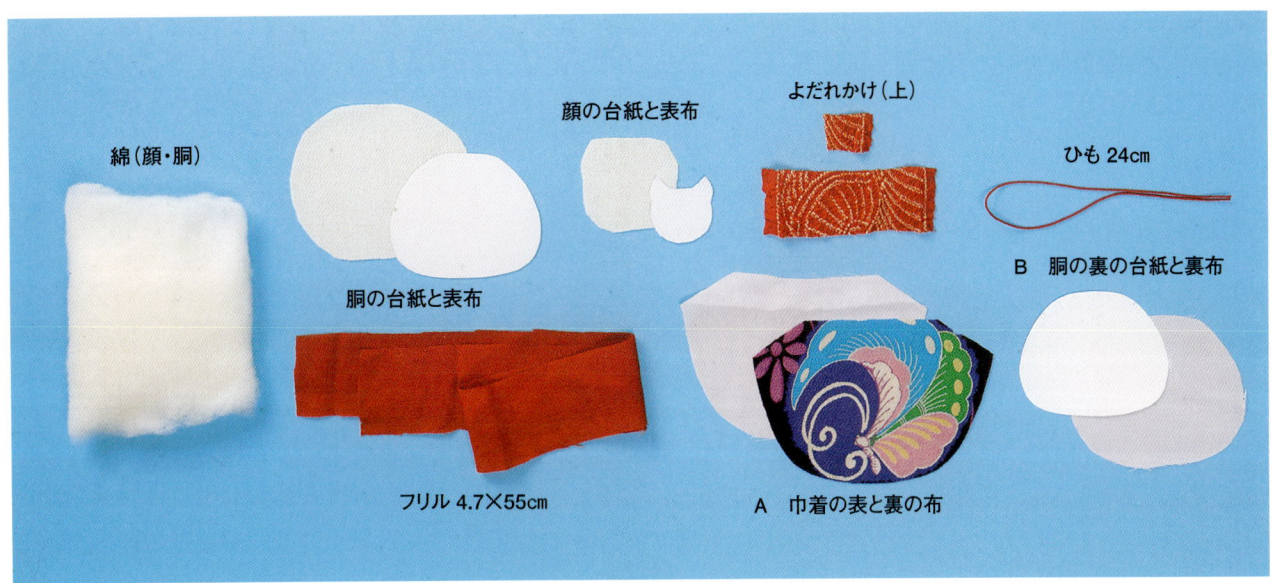

綿（顔・胴）

顔の台紙と表布

よだれかけ（上）

ひも 24㎝

胴の台紙と表布

B 胴の裏の台紙と裏布

フリル 4.7×55㎝

A 巾着の表と裏の布

1 表側と裏側の台紙を別々にひとまわり大きな布でくるみます

1―顔は下記の要領で台紙を布でくるみ、目と口の位置で台紙の裏から糸を引いてくぼませます。胴は台紙に厚めに綿を当て、同様に布でくるみます。フリルは、両端を中に折って始末し、幅を二つに折り、箱ひだ（折り山を合わせる）をとって長さ20㎝にし、しつけでとめます。巾着の袋部分は、A（巾着）とB（胴の裏）に分けて仕上げます。Aは表と裏の布を中表に合わせてあけ口を縫い、表に返して周囲にしつけをかけます。Bは布の周囲を縫い縮めて台紙をくるむか、のりしろを貼りつけます。よだれかけは幅を二つに折り、布端を縫い縮めてひだを寄せます。

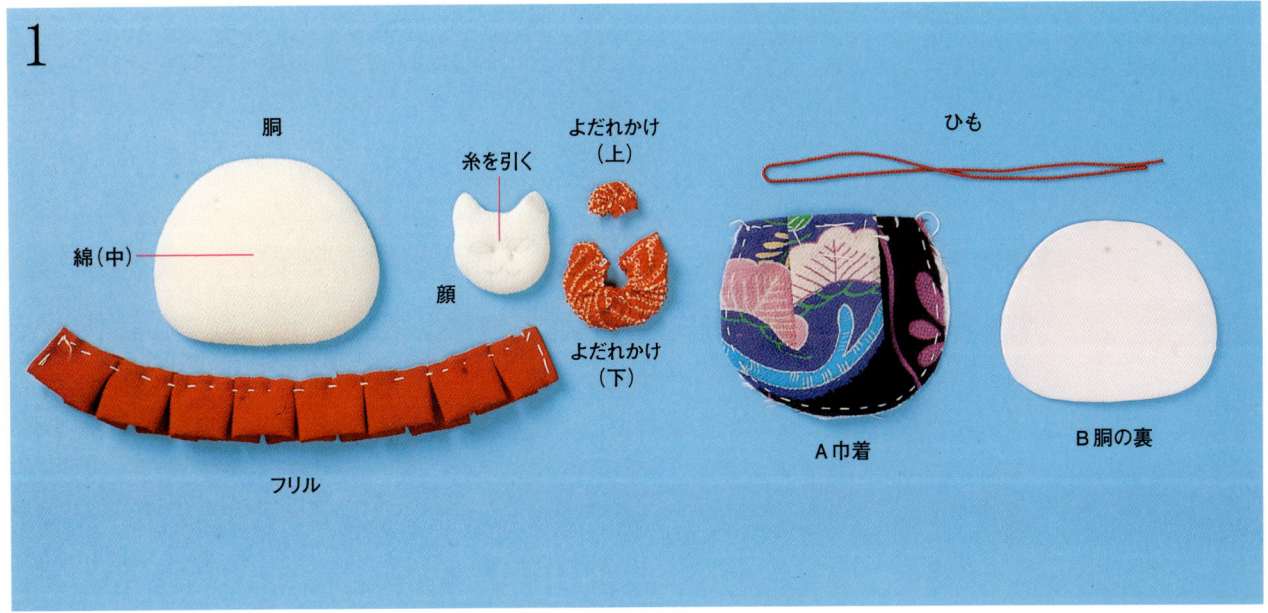

1

胴

よだれかけ
（上）

ひも

綿（中）

糸を引く

顔

よだれかけ
（下）

A 巾着

B 胴の裏

フリル

2 巾着やフリルの端を台紙の裏側に貼って始末します

2

2—巾着Aののりしろをぐし縫いして少し縮め、Bの台紙と底の中心を合わせて重ねます。のりしろを台紙の裏に折り返して貼りつけます。巾着の両側に2本のひだをとり、ひだの上から目打ちで穴をあけます。穴にひもを通して、裏でひもの端を固定します。

3—胴の裏側の周囲に、フリルを貼りつけます。胴の表側によだれかけと顔をのせ、接着剤で貼りつけます。

4—巾着と胴の裏側の台紙同士を接着剤で貼り合わせます。のりしろは台紙の間に隠れます。

5—目、鼻、口を描き入れ、ねこのまだら模様を描きます。

3

前側　　　　　　　　後ろ側

5

でき上がり

4

接着剤

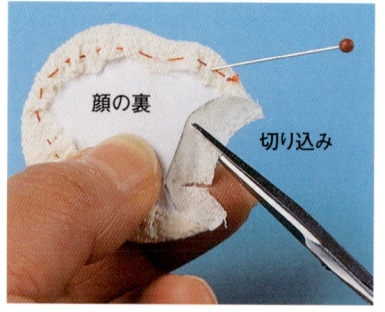

顔の裏　　　　切り込み

押し絵の作り方

布はのりしろの曲線部分を細かくぐし縫いし、薄い綿を当てた台紙の上にのせ、糸を引いて縫いしろを縮めます。要所をまち針でとめ、角などに切り込みを入れて、台紙を布でぴったりとくるみます。台紙に接着剤をつけて、のりしろを貼りつけます。

うさぎ巾着の作り方

——口絵73頁

袋部分に台紙を入れない巾着ですから、中にかなり物が入ります。持つときは、顔が逆向きになります。

● **材料**

縮緬（白、ピンク）　接着芯　薄手の裏布　綿　厚紙　赤のビーズ2個＝目　ひも24cm

● **布の裁ち方**

胴の縮緬を接着芯で裏打ちします。胴は型紙どおり裁ちます。手、耳、顔は前と後ろに分けて台紙を型紙どおり切り、布は台紙より一まわり大きく裁ちます。

1 — 耳は台紙に布を当て、のりしろにのりをつけてくるみます。前後を貼り合わせます。

2 — 顔は布の周囲をぐし縫いし、

3 — 前に綿を薄く当て、糸を引きしめて台紙をくるみます。

4 — 目を縫いつけ、前後を貼り合わせます。

前　　後ろ

幅9.5cm

実物大型紙

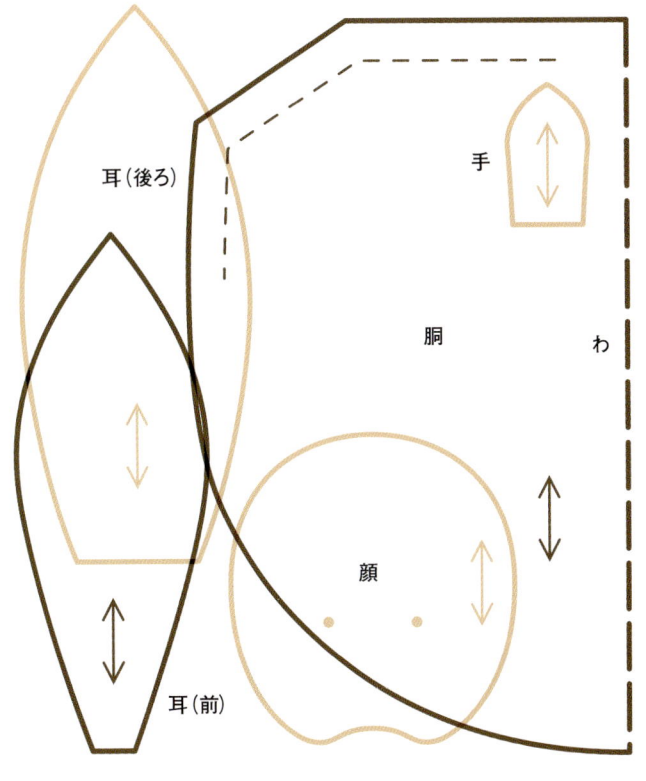

耳（後ろ）　手　胴　わ　顔　耳（前）

耳は前と後ろ2枚を貼り合わせます

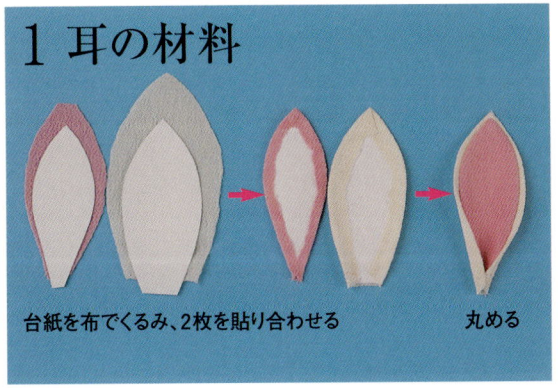

1 耳の材料

台紙を布でくるみ、2枚を貼り合わせる　　丸める

2 顔は綿を当てて前後を貼り合わせます

2 顔の材料

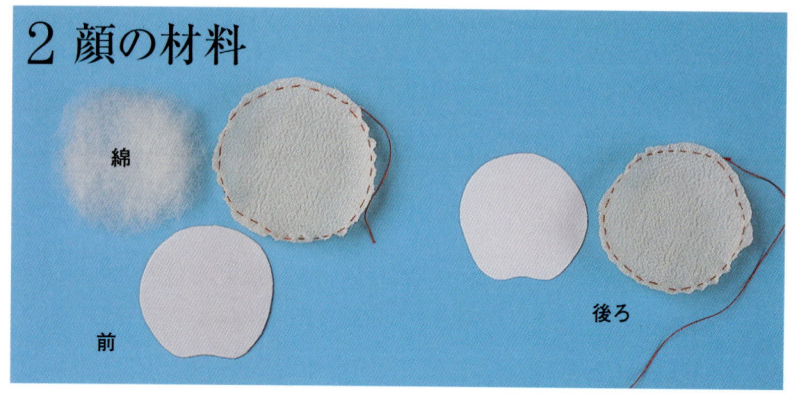

綿

前

後ろ

顔は前と後ろに分けて2枚台紙を作り、布でくるみます。顔に薄く綿を当てると、ふっくらとかわいらしくなります。目を縫いつけてから、前と後ろをのりで貼り合わせます。

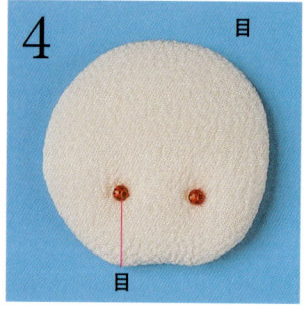

4　　　　目

目

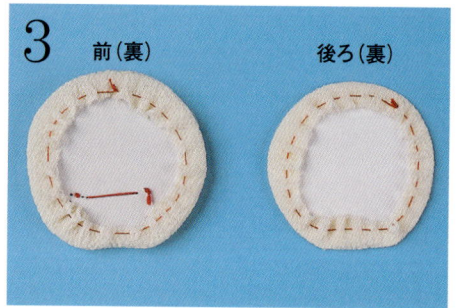

3　前（裏）　　　後ろ（裏）

つまみ細工

制作／石井マサヨ・所蔵／北島幾代

刺しゅう　　押し絵

所蔵／水口婉子

巾着に使われた技法

お守り巾着はよく作られたお細工物で、押し絵のほかにも、いろいろな技法を使った巾着が各地に残されています。中でも、つまみ細工は大正から昭和にかけて広く普及した手芸で、石井マサヨさんは12個ものつまみ細工の巾着を残されています。つまみ細工は今でもかんざしなどに見られ、正方形の薄絹をつまんで折りたたみ、これを組み合わせて花や羽の模様を作り、土台に貼りつけていく技法です（121頁参照）。

パッチワーク

制作／林芳枝

3 胴の表布2枚と裏布2枚を四つ縫いします

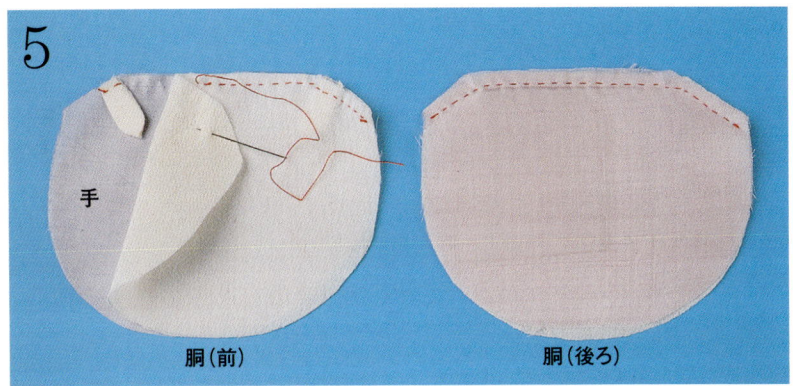

5
手

胴（前）　　　　　　　　　　胴（後ろ）

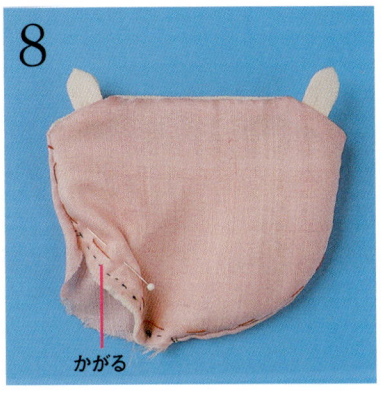

8

かがる

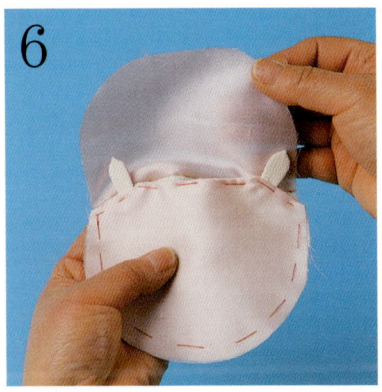

6

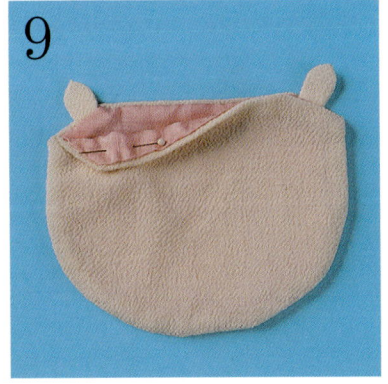

9

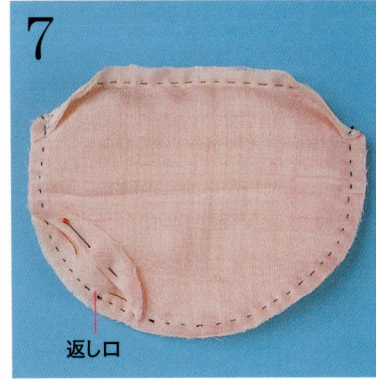

7

返し口

5 ——手の4枚の台紙を布でくるんで、前後を貼り合わせます。胴の前に手を縫いとめ、前後の表布と裏布を中表に合わせ、あけ口を縫います。

6 ——表に返し、前後の表布同士を合わせ、裏布1枚をめくって、裏布同士を中表に重ねます。

7 ——裏布の一部に返し口を残して、4枚をいっしょに縫います〈四つ縫い〉。

8 ——裏布を表に返して、返し口をかがります。

9 ——胴を表に返します。

10 ——胴にひだをとり、目打ちで穴をあけ、前側にひもの両端が出るように通します。

11 ——顔の裏に耳をとじつけて胴にのせ、目立たないようにとじつけます。

裁縫の教科書で見つけた巾着

明治、大正時代の裁縫の教科書や古作から復元してみました。フリルをつけた丸い型に「日の出に鶴、盃に亀」を描いたしゃれた巾着、中身のふくらみによって顔の表情が変る愉快な鬼や恵比寿さまの巾着など、今見ても斬新で大担なデザインです。

復元制作◎水口婉子

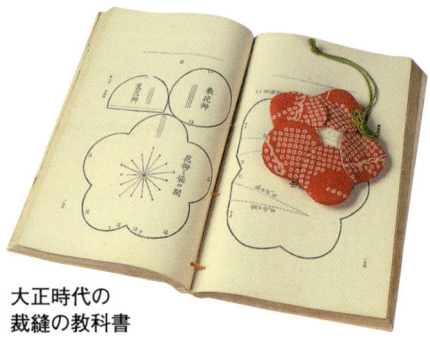

大正時代の
裁縫の教科書

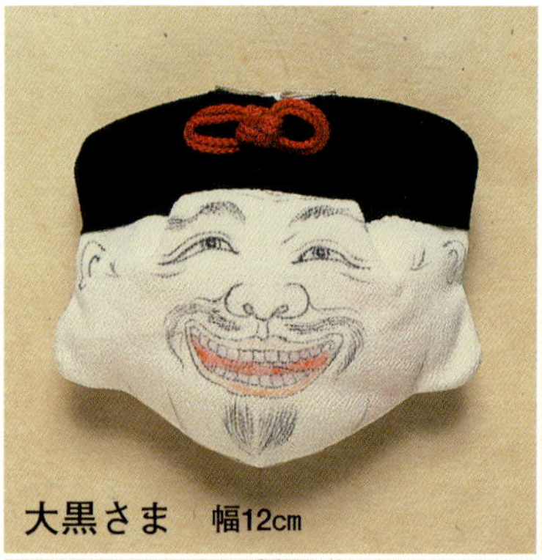

大黒さま　幅12cm

鬼　幅10cm

亀　幅14cm

巾着の裏側

鶴　幅14cm

松竹梅　幅12〜16cm

椿　幅14cm

80

役者絵 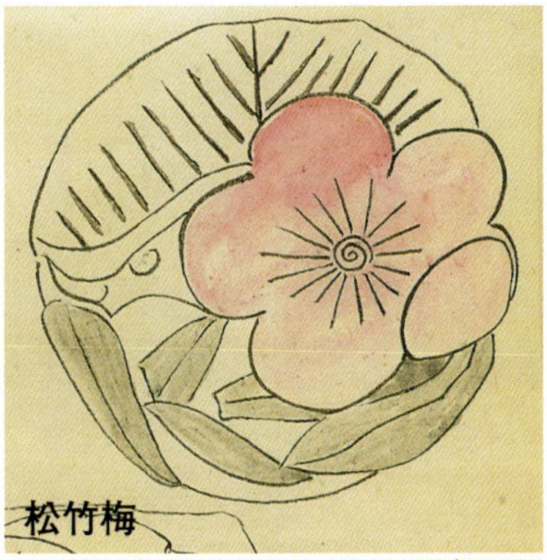　　松竹梅 　　金太郎

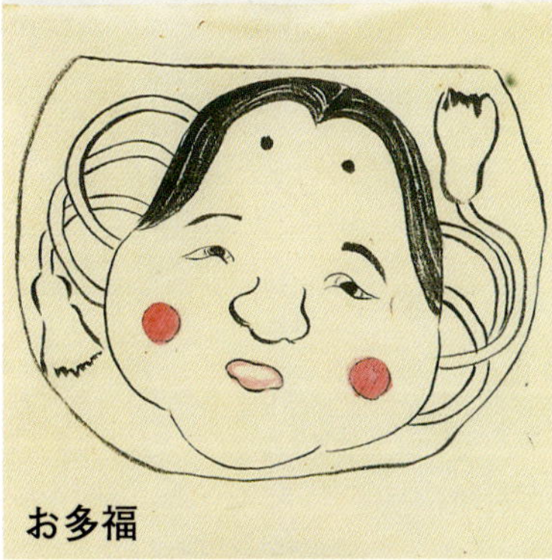

お多福 　　鯛 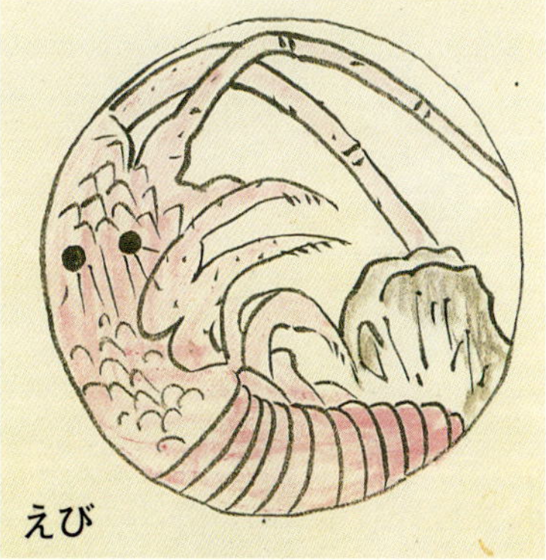　　えび

鶴と亀 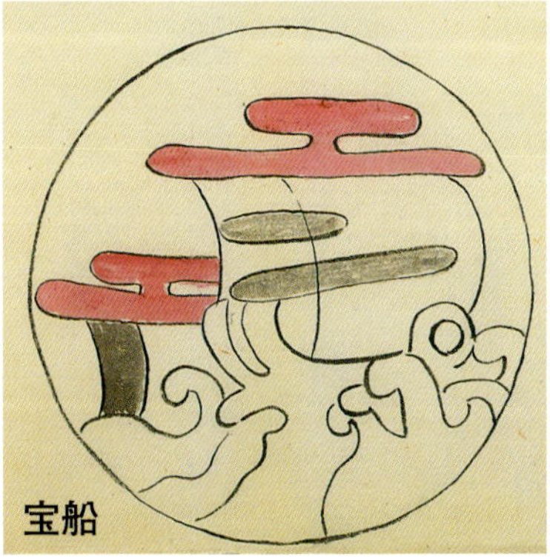　　宝船 　　恵比寿さま

宮川さんについては30頁参照

宮川すずさんの巾着の図案集

絵もお上手であったという宮川さんが残された和綴の本には、巾着の図案が全部で34点描かれていました。商売の神様である恵比寿さま、長寿を願ううえびや鶴亀、めでたい鯛、宝を運ぶ船、福が多いお多福など、小さな型の中に当時の人たちの願いや趣向が、墨絵で見事に表現されています。

手さげ袋

小ぎれ袋

今でいう和風パッチワークの手さげ袋。木綿ではなく絹を使い、平面ではなく立体というのが、特徴でしょうか。ばらの手まり袋は、「ひじつき」の模様からの応用です。ひじつきは、ひじをついたとき着物がいたんだりしないようにと、あこがれの男性に贈ったものだそうです。金平糖袋はおりん布団（仏具）の応用で、四角い布がつなぎ方によって角が飛び出す不思議な袋です。七宝は昔からある文様。平らな布をつないで丸くなるのは、はぎあわせるときに手加減、針加減ができるお裁縫の技があるからです。

制作◎水口婉子
作り方／87〜91頁

七宝袋
高さ8cm

ばらの手まり袋
高さ8cm（大）・5cm（小）

こんぺいとう
金平糖袋
高さ9cm

82

制作◎水口婉子
作り方／92頁 高さ10㎝

亀甲(きっこう)の野点袋(のだてぶくろ)

六角形と五角形を組み合わせた袋です。ところどころばらの模様を好みで配置します。ばらは花弁をいく重にも重ねるので、布が厚くなり、お茶碗をやさしく包みます。この袋はしっかり仕立ててあるので、お出かけ用の手さげ袋としても使えます。

縮緬の小ぎれを大切に、余すところなく利用した布寄せの手さげ袋。

明治、大正時代のお細工物は、当時の女心をゆさぶったことでしょう。

古ぎれを広げて主役の色を定め、脇役の色をと、あれこれと彩りに悩みます。

同じ彩りでも、相手を静めたり映えさせたりと、古布(こふ)は魅惑的です。

風船袋の作り方

──型紙134頁

手さげ袋は、口べり布を幅広く、しっかりと作ります。ひもは太めにし、先に飾りを兼ねた布をかぶせます。

● 材料

縮緬（ピンク、赤、紫、黄、水色、白）　内袋の布　太さ0.3cmの打ちひも

● 布の裁ち方

縮緬を接着芯で裏打ちし、表布は5色を2枚ずつ134頁の型紙どおり裁ち、口べり布は3.5×17cmを2枚、内袋は12×33cmに裁ち切ります。縫いしろは0.5cmですが、口べり布の両端は0.7cm（三つ折り）にします。

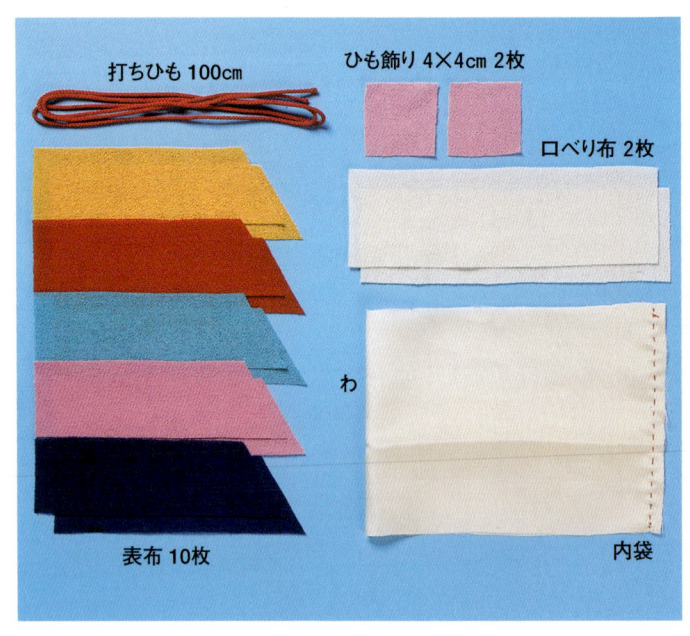

打ちひも 100cm

ひも飾り 4×4cm 2枚

口べり布 2枚

わ

表布 10枚

内袋

1 ひだを取りながら、10枚の布を輪に縫います

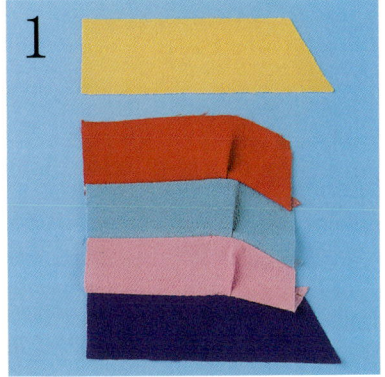

2 底を縫い絞り、口べり布、内袋をつけます

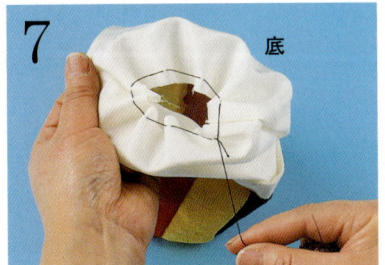

内袋

底

底

口べり布

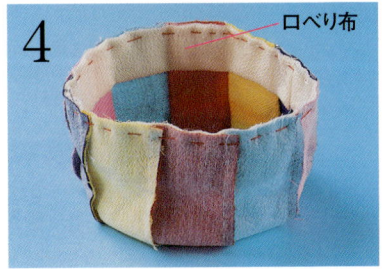

内袋

● 材料

1──表布10枚を配色よく並べ、縫う順番を決めます。隣り合う2枚の長い辺と短い辺を中表に合わせ、両端とひだの合い印をまち針でとめ、ひだを上向きにします。両端とひだの折り山で一針返して、0.5cmの縫いしろで端から端まで縫います。

2──次々に10枚の布を縫い合わせ、輪にします。縫いしろをひだのないほうに倒し、表に返します。

3──底から0.5cm入ったところで縫い線の際を表から1針ずつすくい、糸を引いてひだの折り山を同じ方向にたたんで、底をとじます。

4──口べり布は両端を三つ折り縫いで始末し、幅を二つに折り、裏向きにした袋の口に、しつけでとめます。

5・6──輪に縫った内袋を中に入れ、口べり布といっしょに半返し縫いでしっかりと縫い、表に返します。

7・8──内袋の底を10等分して、表から1針ずつすくって糸を引きしめ、底にとめます。袋を表に返します。

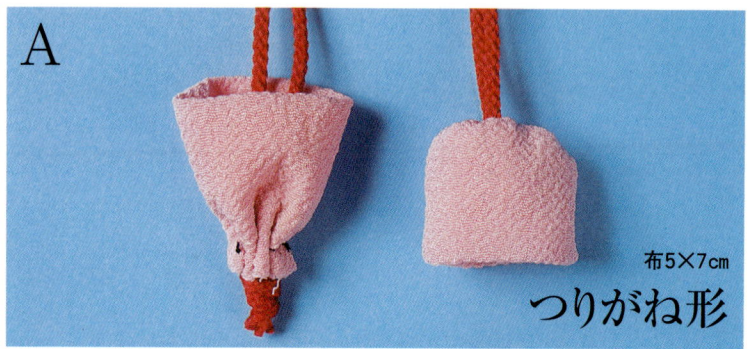

布5×7cm

つりがね形

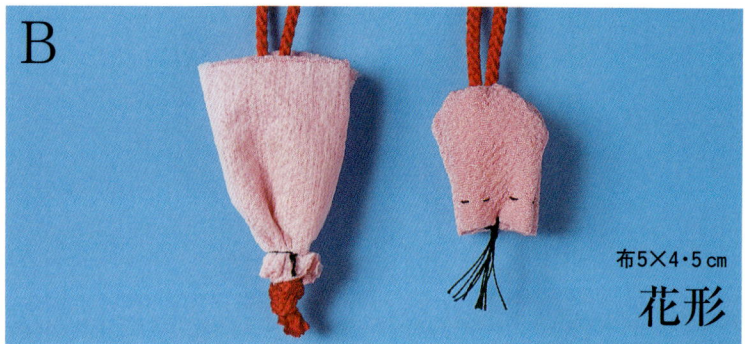

布5×4・5cm

花形

布3×3cm

玉形

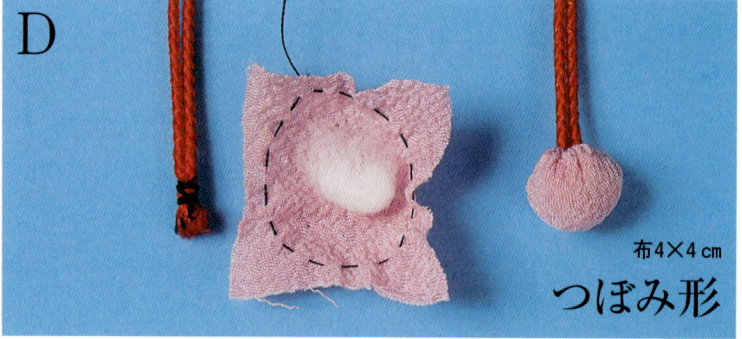

布4×4cm

つぼみ形

口べり布に2本のひもを通し、先を両側へ出して輪に結びます。ひもの結び目に布をかぶせ、A〜Dを参考にして好みの飾りをつけます。

A—布を輪に縫い、外表に二つ折りします。結び目の上で布端を縫い絞ります。布を折り返します。

B—布を輪に縫い、結び目の上で縫い絞り、布を折り返します。布端を中に折り込み、2本どりの糸で4か所すくって結び、房を作ります。

C—布を丸くぐし縫いし、中に綿と結び目を入れます。中に縫いしろも入れて糸を引きしめ、玉を作ります。

D—121頁のくくり猿の要領で、正方形の布に薄綿を当てて折り、糸をかけて結び目を中に入れ、糸を引きしめて、玉を作ります。

七宝袋の作り方

――口絵82頁／型紙134頁

きれいに仕上げるコツは、
1 布の集合点をしっかりとめること、
2 縫いしろを少なくすること、
3 凸の布にいせ込み（ゆるみ）を入れて縫うことです。

●材料

縮緬（ピンク、水色）　接着芯　内袋の布　打ちひも

●布の裁ち方

縮緬を接着芯で裏打ちします。A、B、C、Dの4枚の型紙を作り、縫いしろ0.3cmをつけて必要枚数の布を裁ちます。口べり布は3.8×15cmを2枚、内袋は12×29.5cm、ひもの飾りは3.5×3.5cmを2枚裁ち切ります。

●作り方

1―底の中心から周囲に向かって、布を順につないで丸い袋にします。

2―口べり布の両端0.7cmを三つ折りにして始末し、二つ折りにしてしつけをかけておきます。内袋は輪に縫っておきます。

3―85頁の要領で袋の表布を裏向きにし、口べり布と内袋をいっしょに内側に縫いつけます。

4―表に返し、内袋を引き出して底を五つめ（12頁）にし、表布の底に縫いとめます。

5―口べり布にひもを通します。結び目に、86頁の要領で飾りをつけます。

いせ込みながら凸と凹を縫います

縫いしろに切り込みを入れ、凸布を上にして2枚を中表に合わせ、両端の角をまち針でとめます。凸布をいせ込みながら（ゆるめて）細かく縫い合わせます。

底面

七宝模様がくっきり出るように、はっきりした2色の布を選びます。使わないときは綿などを入れて、型崩れを防ぎます。

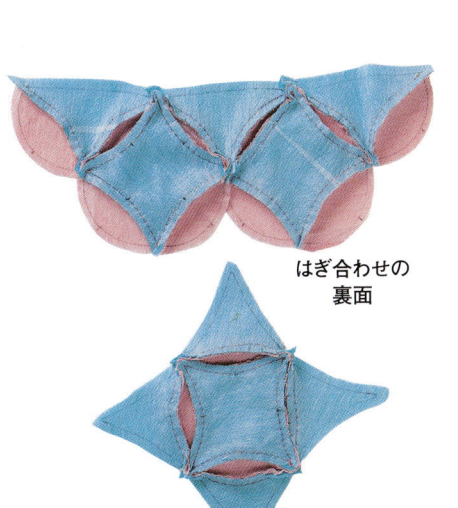

はぎ合わせの
裏面

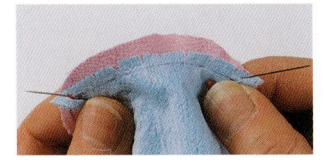

鹿の子絞りを凸部分に使うと、いせ込みがらくに縫えて、縫い目にしわが出にくく、きれいな仕上がりになります。

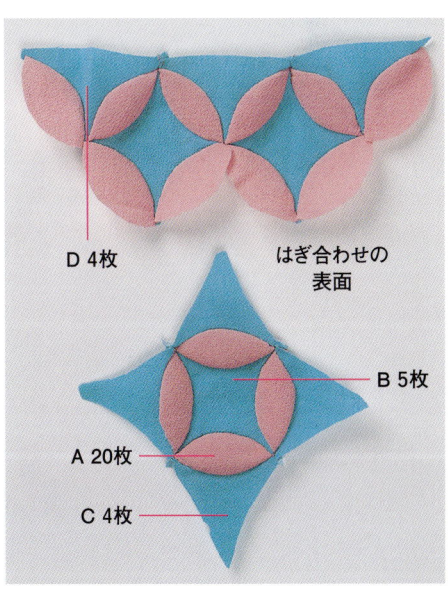

D 4枚

はぎ合わせの
表面

B 5枚

A 20枚

C 4枚

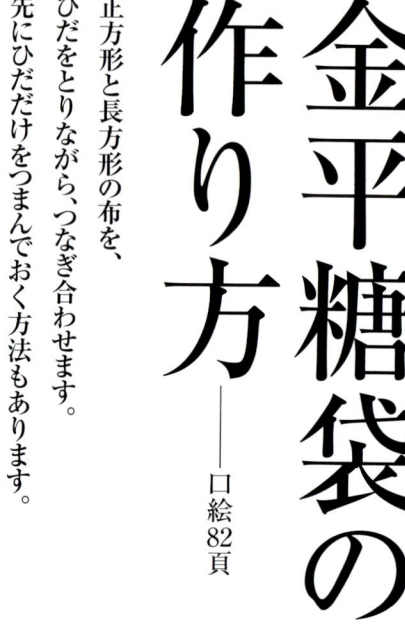

正方形と長方形の布を、ひだをとりながら、つなぎ合わせます。先にひだだけをつまんでおく方法もあります。

——口絵82頁

●材料
縮緬（赤、ピンク）　内袋の布　打ちひも　接着芯

●布の裁ち方
縮緬を裏打ちします。3.6×3.6cmの布各色20枚、3.6×7.2cmの布各色10枚、口べり布18.5cm× 4 cm 2 枚、内袋17×35cm、ひも飾り 5 × 7 cm 2 枚に裁ち切ります。

●作り方
1—図を参照にして 6 枚の布を順に中表に合わせ、0.3cmの縫いしろでL字形につなぎ、これを10枚作ります。

2—隣り合うL字形の 2 枚を中表に合わせ、まず a 1〜 b 1の①②を縫います。 b 2、 b 3、 b 4 を 1 針ずつすくってひだを取って b 1に戻り、 c 1までの③を縫います。 c 2、 c 3を 1 針ずつすくって c 1に戻り、 d 1までの④を縫います。最後に d 2を 1 針すくって d 1に戻り、⑤を縫います。

3—L字形の布を次々に10枚縫い合わせて筒にします。

4—84頁の風船袋と同じ要領で、底を始末し、口べり布と内袋をつけます。

5—ひもを通します。ひもの結び目に飾りをつけます。

底面

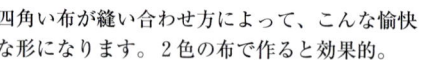

四角い布が縫い合わせ方によって、こんな愉快な形になります。 2 色の布で作ると効果的。

布の集合点でひだを寄せながら縫います

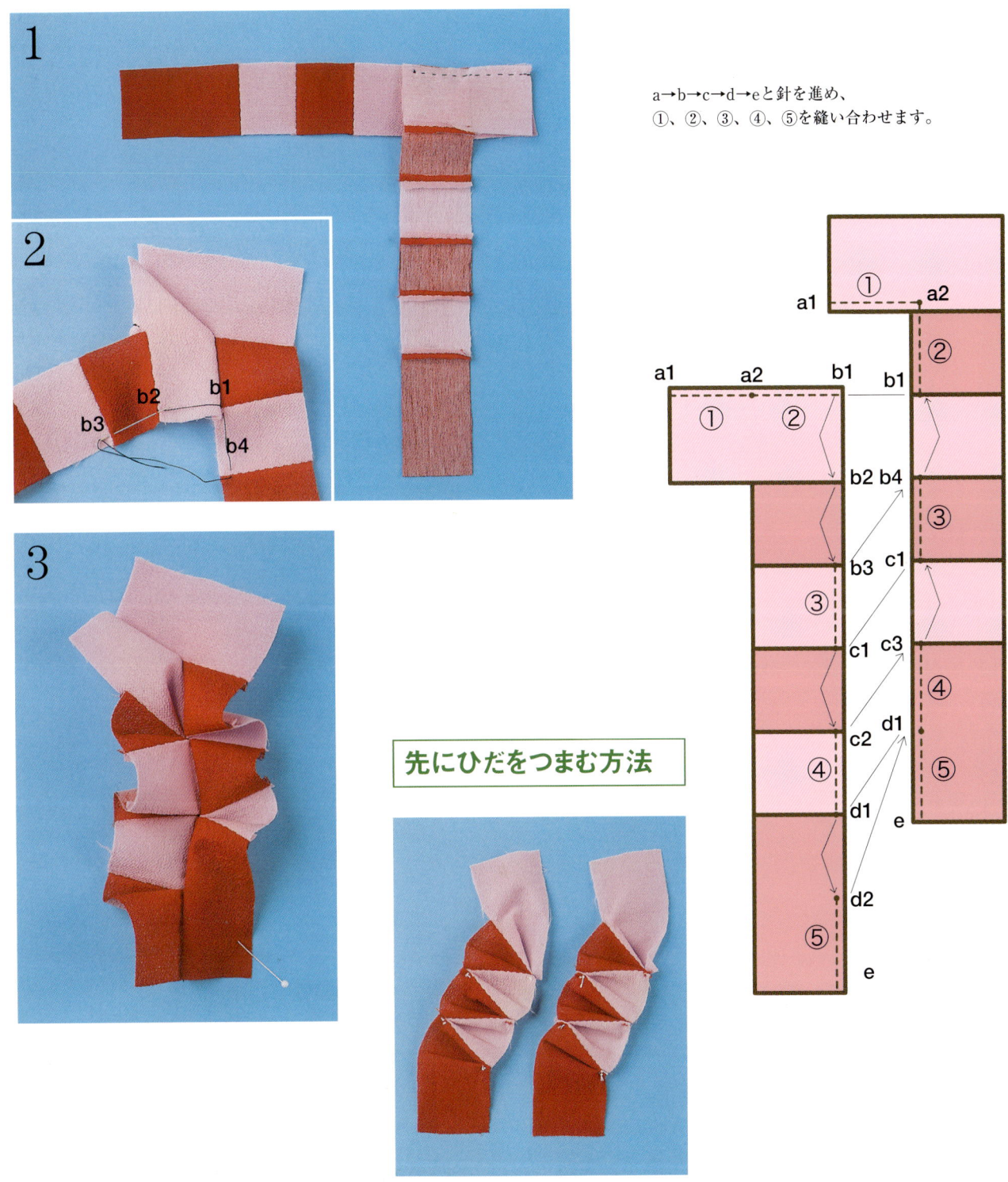

1

2

b2　b1　b3　b4

3

先にひだをつまむ方法

a→b→c→d→eと針を進め、
①、②、③、④、⑤を縫い合わせます。

①
a1　a2

②

a1　a2　b1　b1

①　②

b2 b4

③

b3　c1

c1 c3

③

④

c1　c2

d1

④

d1

⑤

e

d2

⑤　e

ばらの手まり袋の作り方

——口絵82頁／型紙135頁

五角形と六角形のばらをつないだ、ふっくらとかわいい袋です。使わないときは、中に綿を入れておきましょう。

口べり布は幅を広くし、口を閉じたときにすっきりと、きれいな丸になるようにします。

底面

●材料
縮緬（赤、白、ピンク、緑）　薄手の布＝土台布　内袋の布　綿　打ちひも

●布の裁ち方
五角形のばらは、土台の布を型紙どおり（縫いしろ0.7cmを含む）12枚裁ち、花弁をばら1個につきa3枚、b3枚、c5枚裁ちます。底の六角形のばらは、型紙どおりに土台布1枚、a3枚、b4枚、c6枚を裁ちます。口べり布は4.2×10cm2枚、内袋9.5×26cmに裁ち切ります。

●作り方
1—花弁の布の中央部に薄く綿を置き、三角形に折って端を縫い閉じます。

2—土台布は型紙を写したほうを裏にし、中心から順にa、b、cの花弁を順に重ね、周囲をしつけでとめます。

3—底を六角形のばらに作り、まわりに五角形のばらを6枚ずつ2段縫いつけ、丸い袋にします。

4—口べり布、内袋、ひもを85頁の要領でつけます。

正方形の布を三角形に折り、
土台布に重ねてばら形にします

型紙の線や中心は土台布の
裏面に写し、はぎ合わせる
ときなどの案内線にします。

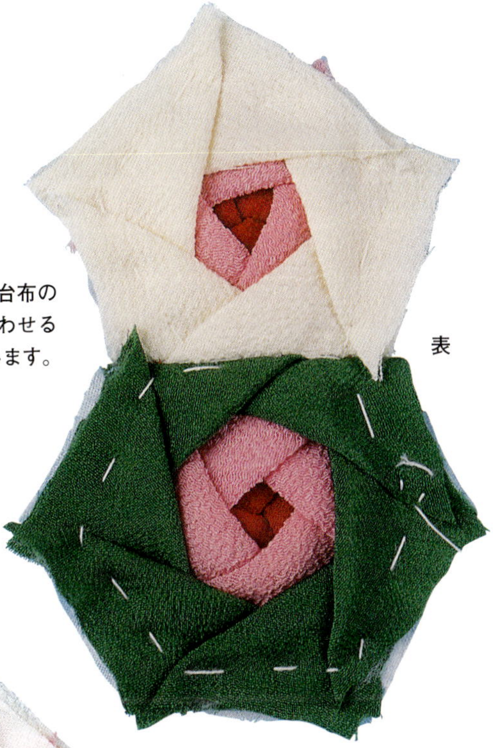

表

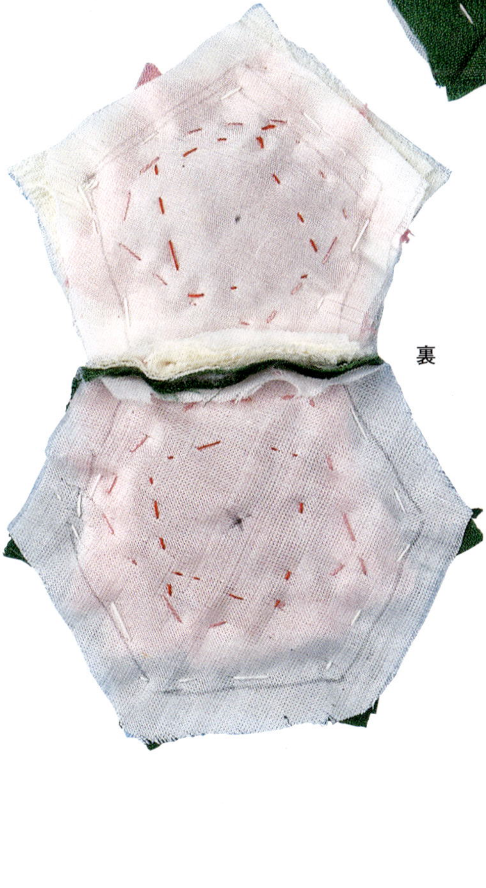

裏

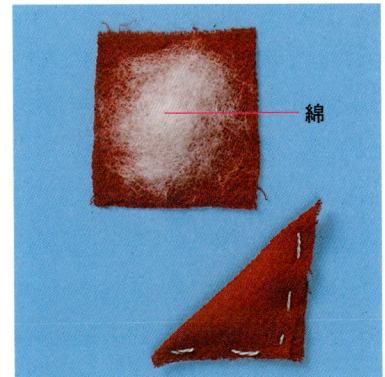

綿

土台布　　　縫いしろ 0.7cm

a 3枚

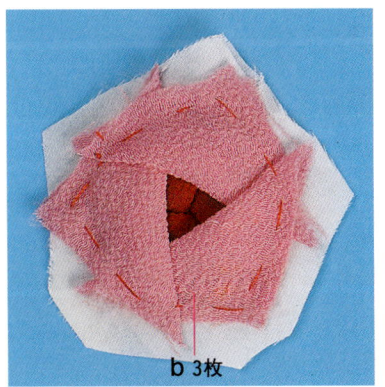

b 3枚

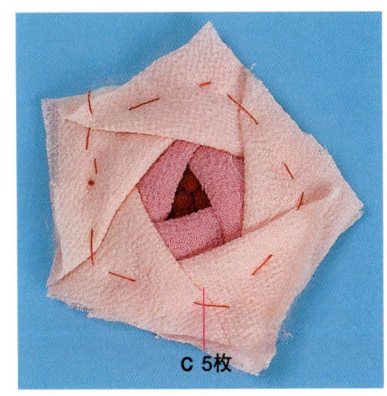

c 5枚

亀甲の野点袋の作り方

——口絵83頁／型紙135頁

●作り方

1—B 7枚のうちの 4 枚をパッチワークのばらに作ります。

2—ばら以外の布の裏にはネルをしつけでとめます。

3—側面の A 6 枚と B 6 枚を縫い合わせます。

4—底の B のばらのまわりに C 6 枚を縫いつけます。

5—口べり布の両端を始末して二つに折り、内袋は輪に縫って、85頁の要領で内づけします。

6—側面と底を縫い合わせて袋にし、裏返します。

7—キルト芯、厚紙、厚手の布を円形に切り、部分的に貼り合わせ、布面を上にして底の裏の中心に縫いとめます。

8—内袋の底を五つどめにし、表袋の底にとめます。

9—ひもを通し、結び目に86頁の要領で飾りをつけます。

●材料

縮緬（黒、柄物、ばらの花弁用の端ぎれ）　接着芯　薄い木綿＝台布　ネル＝裏布　キルト芯・厚手の木綿・厚紙＝底　内袋の布　綿　打ちひも120〜128cm

●布の裁ち方

縮緬を接着芯で裏打ちし、写真を参照して布や厚紙を裁ちます。

底面

野点袋として使うときは、ひもを60cmと68cmに一方を長くし、茶筅筒を結びつけます。

長方形の小ぎれを土台布の上に縫い重ね、ばらにします

土台布の中心に綿と小さい布をしつけでとめます。まわりに長方形の端ぎれを中表に順に縫いつけ、綿を当て、0.2cmのきせをかけて表に返します。前の布端を隠すようにして、外側へいくほど幅広く長い布を重ねていきます。周囲の6枚の花弁は、同じ形にするときれいなばらの形になります。

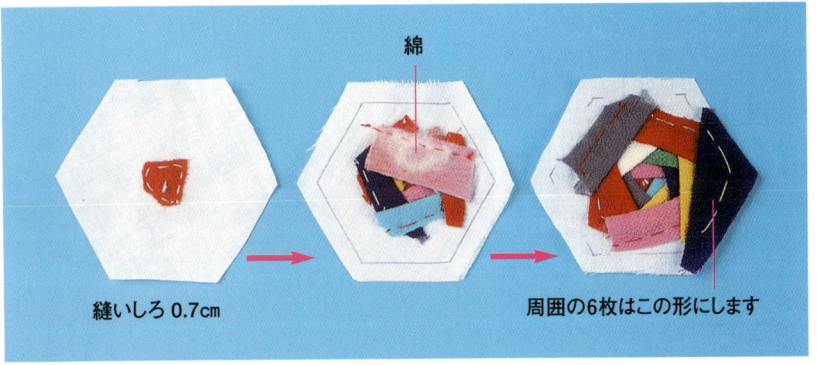

綿

縫いしろ 0.7cm

周囲の6枚はこの形にします

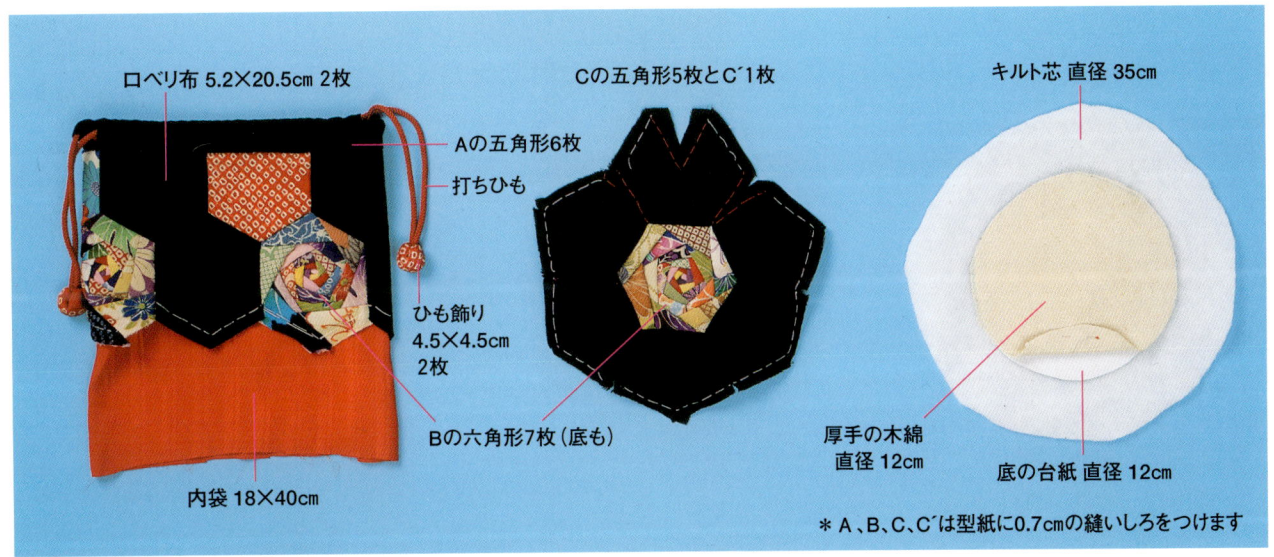

ロベリ布 5.2×20.5cm 2枚

Cの五角形5枚とC′1枚

キルト芯 直径 35cm

Aの五角形6枚

打ちひも

ひも飾り
4.5×4.5cm
2枚

Bの六角形7枚（底も）

厚手の木綿
直径 12cm

底の台紙 直径 12cm

内袋 18×40cm

＊A、B、C、C′は型紙に0.7cmの縫いしろをつけます

布の厚みをそろえて丈夫にします

野点袋にする場合は、茶碗の寸法に合わせて袋の大きさを加減します。また、普通の袋より布を厚くして、中に入れる茶碗を保護します。ばらの模様以外の1枚布の裏にはネル（またはキルト芯）を当て、底には台紙やキルト芯を入れて丈夫にします（写真は袋の裏側）。

底面

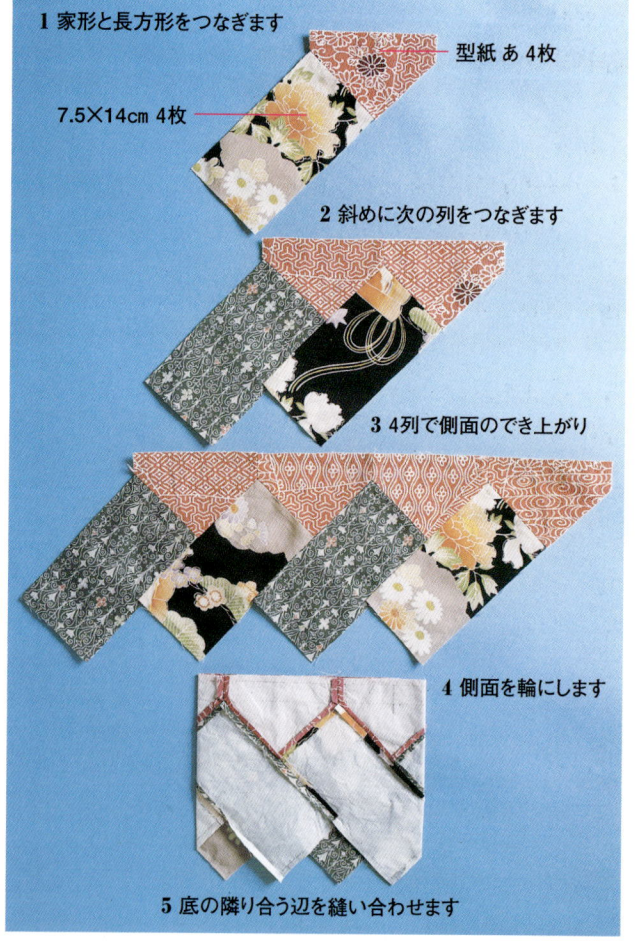

横に4枚の布をはぎ合わせるところから、四合わせ（幸せ）袋の名があります。

型紙135頁
高さ10cm

● **材料**

着物地　和紙　内袋の布　ひも

● **作り方**

1 ― 布はすべて和紙または接着芯で裏打ちします。

2 ― 長方形の布を4枚、家形の布（型紙135頁 あ）を4枚裁ちます。

3 ― 縫いしろを0.5cmとし、写真の1〜5の要領で布をつなぎます。あき口以外は角で縫い止めます。縫いしろはアイロンで割ります。

4 ― 袋のでき上がり寸法に合わせて内袋と口べり布（でき上がりの幅1.5cm）を裁ち、85頁の要領で仕上げ、ひもを通します。

変幻自在の布寄せ袋

この3点の袋物は、すべて須藤久美子さんの作品です。パッチワーク作家でもある須藤さんは、小ぎれを集めるのが大好き。おばあさんやお母さんに習った細工物などを手本に、自分なりに工夫したものを作りためていらっしゃいます。四角や長方形の布つなぎの袋が、布の枚数によってさまざまな細長くも平たくもなり、配色によってさまざまな模様が浮き出てくるのは、とてもおもしろいとおっしゃいます。須藤さんの作品には、縮緬に限らず、いろいろな布が効果的に使われています。布寄せ袋をきれいに仕上げるコツは、三角や四角の小ぎれを縫いつなぐときは角で縫い止まり、縫いしろは割ることだそうです。

1 家形と長方形をつなぎます

型紙 あ 4枚

7.5×14cm 4枚

2 斜めに次の列をつなぎます

3 4列で側面のでき上がり

4 側面を輪にします

5 底の隣り合う辺を縫い合わせます

● **材料**

着物地(赤、黒、黄)　和紙　内袋の布　ひも

● **作り方**

1 — 布はすべて和紙で裏打ちします。

2 — 家形の布（型紙135頁い）6枚、赤と黒の
　　5×10cmの長方形の布各6枚を裁ちます。

3 — 縫いしろは0.5cmにします。まず、AとBを
　　1列ずつ縫い合わせておきます。

4 — C1の短い辺を、B1に直角に縫いつけます。

5 — 隣のC2をC1と平行に縫いつけます。

6 — 2列目のA2、B2を5に斜めにつなぎ、同様
　　にして次々と6列をつないで輪にします。

7 — 底の辺を縫い合わせて袋にします。

8 — 内袋と口べり布は、85頁を参照してつけます。

型紙135頁
高さ13cm

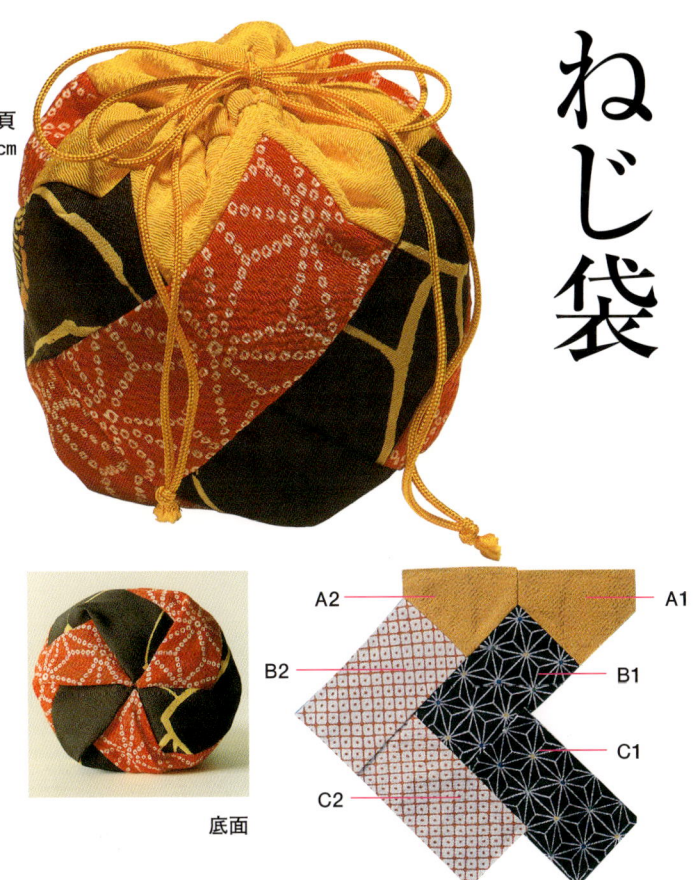

ねじ袋

底面

● **材料**

着物地(各種)　和紙　内袋の布　ひも

● **作り方**

1 — 布はすべて裏打ちします。5.5cm角の正方形
　　の布25枚と家形（型紙135頁い）を5枚用意
　　します。

2 — 縫いしろ0.5cmで、家形1枚と正方形5枚を
　　1〜6の順につなぎ合わせます。

3 — 5列を斜めにつなぎ合わせて輪にします。

4 — 底を縫い合わせます。

5 — 内袋と、口べり布を85頁の要領で作り、ひも
　　を通します。

型紙135頁
高さ18cm

布つなぎの袋

底面

四角い布の数と横列の本数で袋の大きさを変えられます。

亀甲と菱形の袋

底面

底面

わ

2

20

63

わ

わ

2

15

56

わ

この彩りをきれいにはぎ合わせた二つの袋は、料理研究家の牧野哲大さんの高山の実家にあったもので、菱形つなぎの袋には大正14年、亀甲つなぎの袋には大正15年と底に記されてありました。高山は大変手工芸の発達している地方で、たくさんの美しい民芸品が、今も残っています。長く厳しい冬を過す人々にとって、手仕事は欠かせない楽しみでもあったのでしょう。

亀甲と菱形の古典模様の袋です。亀甲とは、その名のとおり亀の甲羅の模様を形どった六角形で、菱形は〝ひし〟と呼ばれる植物の実の形からその名がつきました。

六つ菱の袋

小さいながら大胆な色使いの手さげ袋です。赤い絣の布と、紺とクリーム色の菱形の布をはぎ合わせて模様を作り、底には3枚の扇を配しています。今風にいえば、パッチワークの技法でできています。ところでこの模様は、アメリカやカナダのパッチワークにも似たものがあります。しかし、西洋のパッチワークが木綿布を使った大きく平面的な作品であるのに比べて、日本のはぎ物は、小さな絹を緻密に立体の袋に作り上げており、お国柄の違いを感じます。

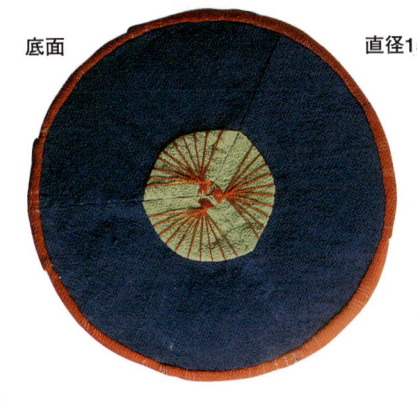

底面　直径15㎝

所蔵／藤井美術民芸館

◎ちりめん細工に寄せて

パッチワークの話

國分綾子

楽しい小布細工を見てきて、どの土地にもそれぞれの特色ある小布細工が、物を作る大きな喜びと共に女の暮らし、女の手先から生まれたことを思う。今のようにどこにでも、何でもあるといった時代ではなく、手芸といえば一つ一つ材料を探し、創意と工夫と個性を使って作るものだったから、苦労も多かったかわりに作ることが楽しくて仕方がなかったはずである。

そんな女の楽しみは日本だけでなく、洋の東西を問わない。これが判ったのは、京都国立近代美術館で開かれた「アメリカのキルト」という展覧会で、みごとに揃ったキルトを見たときのことである。

キルトは、布と布の間に詰め物をして縫い合わせるもので、アップリケとピース（小布）をはぎ合わせてゆく、この二つのパッチワークの技法が装飾として用いられる。防寒のため、主としてベッドカバーに、米国の婦人達は高い布のかわりに愛着の深い残り布や端布、着古した衣服から取った部分の布を合わせて作った。

直接裁断の角を合わせ、はぎ合わせた手仕事で、どの作品を見ても、配色の具合といい、手法といい、日本のおばあさんたちの手仕事とそっくりである。

開拓時代のきびしい労働のあと、一日の終わりのときにとりかかるキルト作りは、彼女らの楽しみ、創造の世界に遊ぶひとときであったろう。国が異なっても同じ思いで暮らしてきた女同士の親しさをさえ感じるのである。

芝居絵袋

右側面　千松

正面　政岡

所蔵／藤井美術民芸館

飛騨高山で見つけた
縮緬の袋物

この頁の3点と71頁の押し絵細工は、飛騨高山にある藤井美術民芸館のコレクションです。館主である藤井紀一さんが長年収集された民具や美術品を、高山市の要請によって一般公開しています。袋物は他の布細工や人形などとともに、昔の建築様式そのままの江戸萬流土蔵の2階に展示されています。

住所
〒506-0846
岐阜県高山市上三之町69番地

底の直径 16cm×高さ14cm

芝居の大好きな女性の作品と思われます。惜しげもなく縮緬を使った手さげ袋の三方には、「伽羅先代萩」の登場人物がはめ込まれています。正面は忠義をつくす乳母政岡、左側面には若君鶴千代、右側面には政岡の子、千松が配されています。すずめでも飯を食べているのに……と空腹を訴えるわが子と、若君をたしなめる政岡の悲しい「まま炊き」の名場面が、みごとに描き出されています。さらに凝っているのは底面の三番叟です。先代萩は忠義をテーマにしていますが、なんといっても悲しいお芝居です。それを、底面の派手やかな赤色を背景にした、めでたい祝儀の所作事（踊り）でスッパリと切り替えているあたり、昔の人の粋な心根がしのばれます。着物の半衿や手など、緻密にはぎ合わされた袋です。

赤、白、緑、青と鮮やかな色をみごとに配色したところは、かなり絵心のある人の作でしょう。夕焼けの空に雪の富士山と帆かけ舟をあしらった模様は、旅先で目に焼きついたものでしょうか。底には押し絵の梅の花がついています。袋がきれいに保存されていることからも、晴れの日や仏事に米を持って行くときの袋に用いられたと思われます。お米がお金の代わりに使われたころの、ゆかしきしきたりの名残りをとどめる袋です。

底の直径 10㎝

1.5
5.5
25
33

所蔵／藤井美術民芸館

手芸
定価1890円⑤

補充注文カード

書店（帖合）印

注文　　　　月　　　日
部数　　　　　　　冊
書名　出版社　グラフ社
著者　水口婉子・監修

ちりめん細工
和の袋もの飾りもの

9784766212525

ISBN978-4-7662-1252-5
C2077 ¥1800E

定価1890円
（5％税込）
本体1800円

と色鮮やかであったろう水色の縮緬に、押し絵風に縫いつけたぼたんの花とかきつばたの花。さわやかな五月に咲く、美しい花のとり合わせです。底にはおめでたい松竹梅の切り布が縫いつけてあり、枝やしべがていねいに刺しゅうしてあります。

づくしの袋

底面

底の直径17㎝×高さ15㎝

99

裁縫の小道具

花の針刺し

制作◎水口婉子　作り方102頁

　春には桜、夏には朝顔、秋にはききょう……と、四季折々お針箱の中も模様変え。針やはさみの道具に混じって、柔らかな縮緬の針刺しは、まさに花が咲いたような華やかさです。これらの針刺しは、昔のお細工物の教科書にも紹介されています。

刺しゅうの指抜き

針仕事、それは一針一針、
愛する家族への思いを縫いつづる女の仕事。
昔の女性は、ひまさえあれば
手先を動かしていました。
お針箱の引き出しには、
手すさびに作った華やかな指抜きや、
季節の花を形どった針刺し……
いとおしい作品のかずかずに、
眺めるだけでも心が弾み、
針仕事もはかどるような気がしてきます。

52個の指抜きは、さながら美術館で
す。四季の風物詩を糸で封じ込めた小
さな作品に、女の手の技の粋を見る思
いがします。よく見ると、一つとして
同じ色柄のない指抜きは、花の刺しゅ
うや幾何模様のほか、「猿かに合戦」
の物語や、「一富士、二鷹、三なすび」
といった夢模様もあり、作者の遊び心
があふれています。これらの指抜きは、
持ち主である末吉千代子さんのお母様
の形見の品。指抜きにさした古新聞に
大正14年とあり、大切に保管されてい
たことがわかります。

作り方106頁

椿の針刺しの作り方

——口絵100頁／型紙105頁

台紙に綿をこんもりとのせ、大きめの布できれいにくるみます。

布に大きなしわを出さないことが、きれいに仕上げるポイントです。

そのため、綿はたっぷりとしっかり入れ、

片寄った綿は目打ちなどで形を整えます。

布の周囲は縫い縮め、布端を裏で糸をかけて平均に引っぱります。

●材料

縮緬（赤、白、緑）　ビーズ　千代紙＝底　綿　厚紙＝花芯用ははがきくらいの厚さ、底用は針が通る程度の厚紙

●布の裁ち方

台紙と千代紙は型紙どおりに切ります。花弁の布は型紙より周囲を2.5cm大きく裁ちます。花芯と縁布は指定の寸法に裁ち切ります。

花弁
底の台紙
花芯の台紙
ビーズ（花粉）
花芯の直径7cm
しべ用の糸
底の千代紙
縁布 2×35cm

---

1 花芯を丸く作り、糸とビーズでしべと花粉を描きます

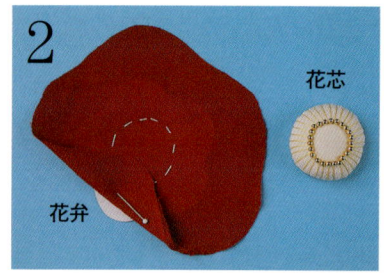

2
花芯
花弁

1

●作り方

1──花芯の白い布の周囲をぐし縫いし、綿を入れて、底に台紙を当て、糸を引きしめて団子状にします。上部中央に直径2cmの円を薄く描き、放射状に48等分に糸をかけて線の模様をつけます。その糸の先に、ビーズを1個ずつ縫いつけます。

2──花弁の布の裏面に台紙を当て、花芯の下になる中央を、糸で円形に縫いとめます。

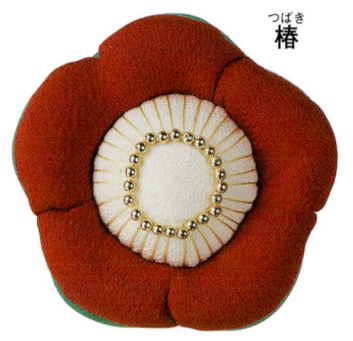

椿

2 台紙に丸めた綿を五つ置き、花弁の布でくるみます

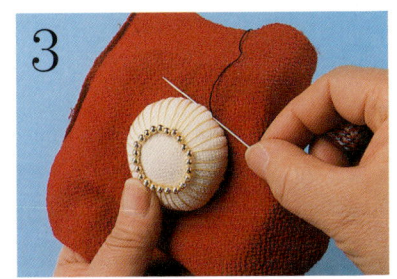

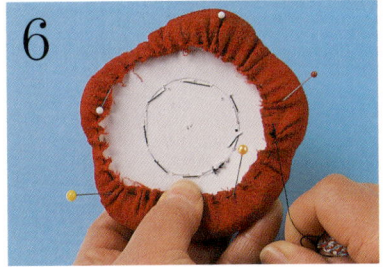

青梅綿

3—花弁の布の中央に花芯をのせ、周囲をかがります。

4—花弁の布をめくり上げ、花芯のまわりに布をたたんで中央にまち針でとめます。綿を団子状に五つに丸め、台紙の花弁の丸みに合わせてこんもりと置きます。

5—花弁の周囲をぐし縫いし、綿をくるむようにしてかぶせ、布端を裏にまわして要所をまち針でとめます。

6—はみ出した綿を目打ちで中へ押し込み、糸をぎゅっと引きしめて、対角線状に糸を渡して形を整えます。

3 台紙に縁布を縫いつけ、底の始末をします

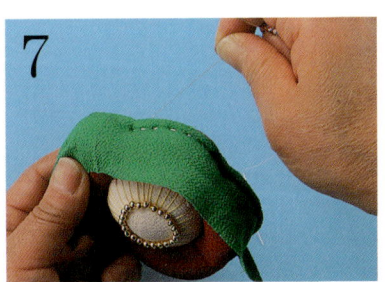

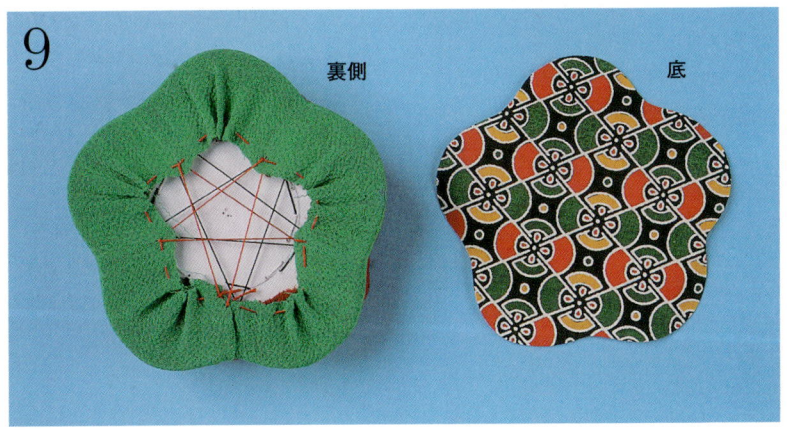

裏側　　　　底

7—花弁の周囲に縁布を当ててまち針でとめ、0.4cmの縫いしろで、台紙まで針を通して花弁に細かく縫いつけます。

8—縁布の両端を輪に縫い、布端をぐし縫いします。

9—底側へ縁布を折り、糸を引きしめます。星形に糸を斜めに渡し、形を整えて台紙をぴったりとくるみます。千代紙を底に貼りつけます。

梅の針刺しの作り方——口絵100頁

5枚の花弁の色を全部違えて、モザイク風にはぎ合わせます。縁布をつけないので、102頁の針刺しより簡単にできます。

● **材料**
縮緬（ちりめん） 厚紙 綿 絹糸 千代紙

● **布の裁ち方**
型紙どおり縮緬を10枚を裁ち、底の台紙、裏の千代紙を切ります。

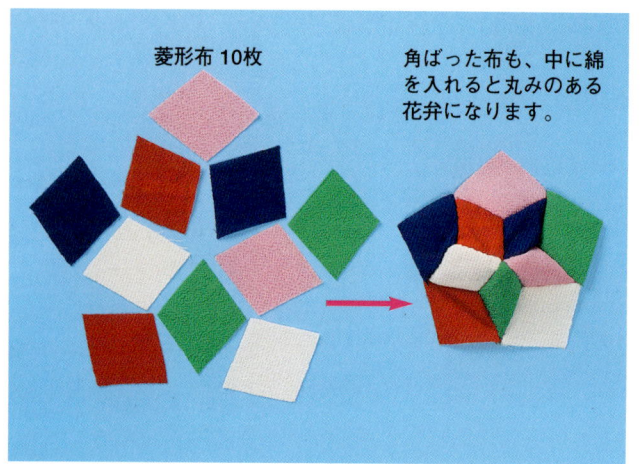

菱形布 10枚

角ばった布も、中に綿を入れると丸みのある花弁になります。

花のしべは指に糸を8の字に巻いて房に作ります

中央を同じ糸で結び、房の長さを切りそろえます。針刺しの中心に糸を通して裏にとめます。

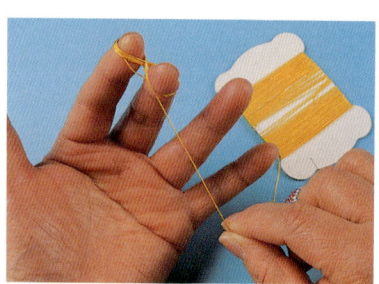

黄の穴糸を2本の指に6回ぐらい、8の字に巻きつけます。

● **作り方**

1—布を0.3cmの縫いしろで縫い合わせます。

2—綿を五つに丸めて台紙にのせます。

3—布の周囲をぐし縫いし、103頁の要領で台紙をくるみます。

4—中心と花弁の角に、底から1針ずつ糸を引いてくぼませます。

5—糸の房を作り、中心に縫いとめます。

6—裏に千代紙を貼ります。

梅

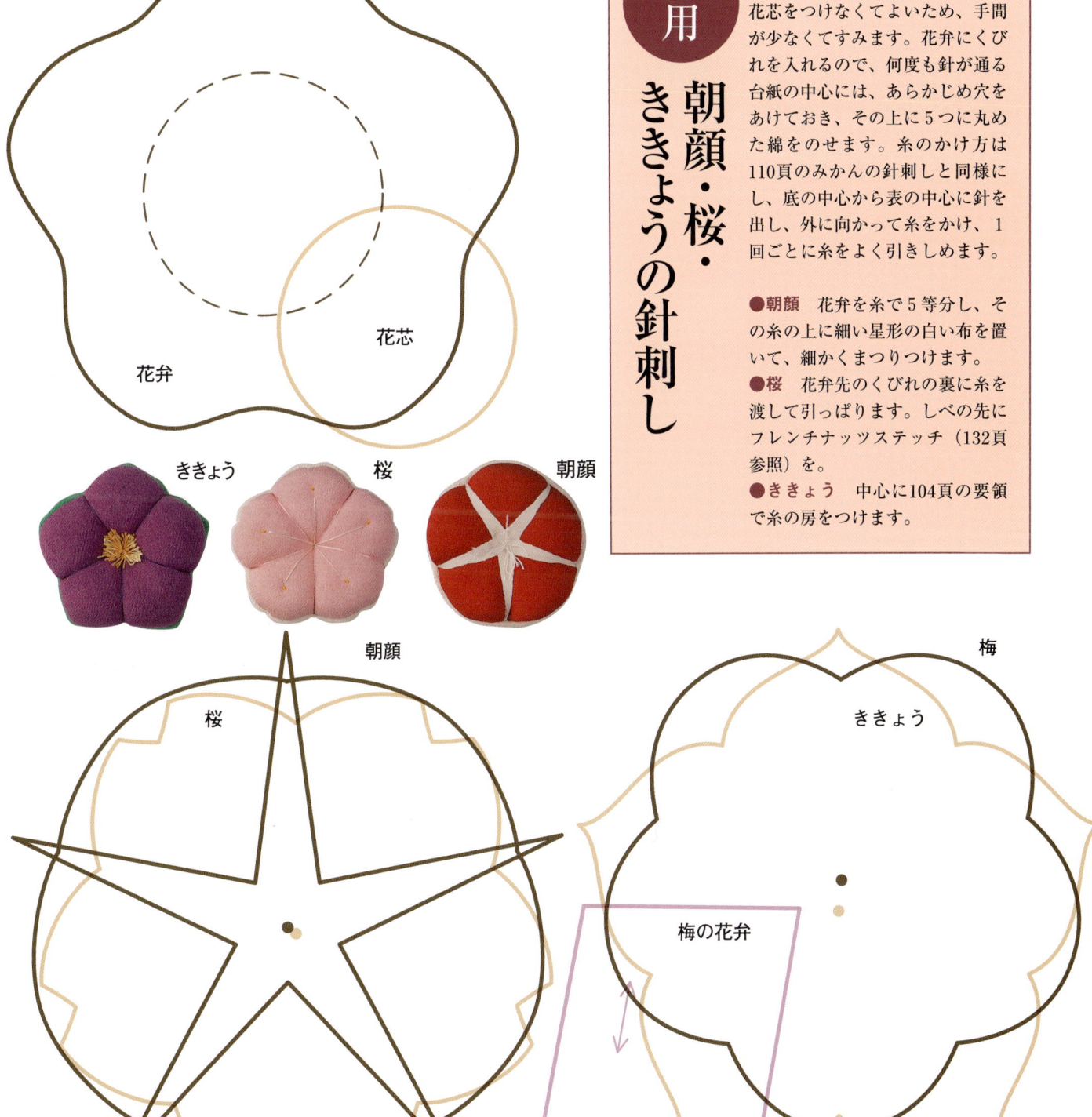

椿　作り方102頁

花弁

花芯

ききょう　　桜　　朝顔

朝顔

桜

梅

ききょう

梅の花弁

椿のように
花芯をつけなくてよいため、手間

応用

朝顔・桜・ききょうの針刺し

どの針刺しも基本的には同じです
が、これらの針刺しは椿のように
花芯をつけなくてよいため、手間
が少なくてすみます。花弁にくび
れを入れるので、何度も針が通る
台紙の中心には、あらかじめ穴を
あけておき、その上に5つに丸め
た綿をのせます。糸のかけ方は
110頁のみかんの針刺しと同様に
し、底の中心から表の中心に針を
出し、外に向かって糸をかけ、1
回ごとに糸をよく引きしめます。

●朝顔　花弁を糸で5等分し、そ
の糸の上に細い星形の白い布を置
いて、細かくまつりつけます。
●桜　花弁先のくびれの裏に糸を
渡して引っぱります。しべの先に
フレンチナッツステッチ（132頁
参照）を。
●ききょう　中心に104頁の要領
で糸の房をつけます。

●作り方

1—和紙を折りたたんで芯にし、縮緬でくるみます。

2—裏面の中央で布端を始末します。

3—指の太さに合わせて輪を作り、布端を折り込んでまつります。

4—表面に刺しゅうをします。

5—結び玉は目立たないように始末します。

刺しゅうの指抜きの作り方——口絵101頁

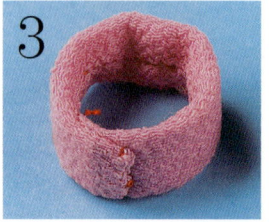

3

4

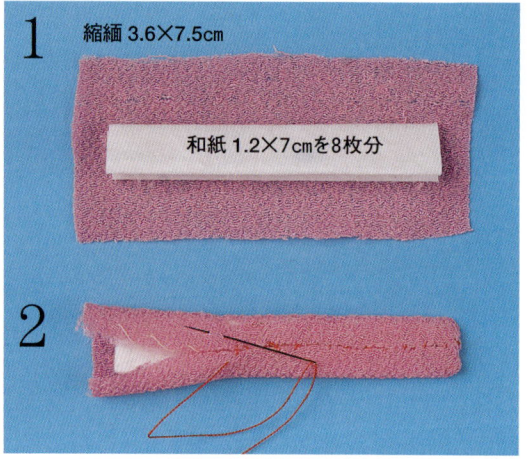

1 縮緬 3.6×7.5㎝

和紙 1.2×7㎝を8枚分

2

あ　い　う　え　お

① ② ③ ④ ⑤ ⑥ ⑦ ⑧ ⑨ ⑩

指抜き五十変化（へんげ）

左の指抜きは、101頁の指抜きを水口婉子さんに復元していただいたものです。作られた当時の色鮮やかな縮緬や絹糸の華やかさをわかっていただけるよう、できるかぎり原作に近い材料が使われています。

●花模様　あやめ（①—い）、ばら（②—う）、ききょう（③—え）など、小さな空間にその花の特徴がみごとに表現されています。花の根元も、花びん、土、水面、柵などが描かれ、作者の豊かな表現力を感じます。

●物語　「猿かに合戦」（⑤—い）、「一富士、二鷹、三なすび」（⑥—う）など、愉快な物語が描かれています。

●幾何模様　単純なかがり方と、配色によって、万華鏡のようなさまざまな模様を描いています。よく使っているかがり方は、両端から交互に中央へ向かって針を出してY字形に刺す方法で、別の色糸の重ね方や途中の針のくぐらせ方で、いろいろな模様に変化します。

●材料

貝殻　縮緬　鹿の子絞り　絹糸　綿

●布の裁ち方

布は貝殻に合わせて、底1枚、葉2枚、針山の丸い布1枚を、大きめに裁ちます。

●作り方

1—底布の周囲をぐし縫いします。布に薄い綿を当て、糸を引きしめて貝をくるみます。

2—葉の布は四角形に裁ち、三角形にたたんで根元を縫い絞ります。

3—針山の布は周囲を縫い絞り、中に綿を詰めて団子状にします。少し押しつぶして、糸で5等分します（110頁参照）。

4—貝に葉と針山をのせ、接着剤で貼り、さらに糸で縫いとめます。

5—中央に糸の房（104頁参照）をつけます。

制作／須藤久美子

貝の針刺し

はまぐりの貝殻を縮緬でくるんだ針刺しです。針山に鹿の子絞りを使うと、かわいらしくなります。

2

3

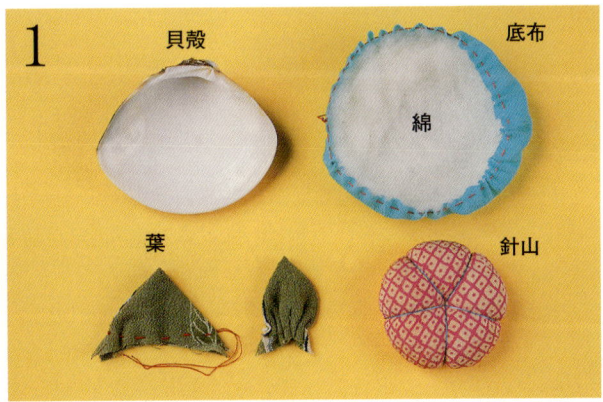

1　　貝殻　　　　　底布

綿

葉　　　　針山

唐子針刺し

横浜に住んでいた作者の林さんが、中華街で見つけた針刺しが珍しく、それを思い出して作ったものだそうです。「唐子」とは中国の子どもの昔の呼び名で、お細工物にはよく登場します。作り方は日本に昔からある這い子人形と同じで、長方形の布の四つ角をつまんで手足とし、腹を縫い合わせ、頭をつけます。林さんは、人形にも派手な着物を着せて唐風にし、また針山にもつやのある布を使っておまんじゅう形に作り、赤糸で分割しています。直径13cmと大きいので、針がたくさん刺せて重宝したそうです。

参考作品
制作／林芳江

●材料
縮緬(赤、紫、緑、ピンク、黄) 綿 厚紙
●布の裁ち方
縮緬は裏打ちをせずに、写真を参照して裁ちます。

●作り方
それぞれの部分を仕上げておきます。5色の布は三角
形に折り、綿をふっくらとはさんで周囲を縫い閉じま
す。赤の玉は丸く縫い絞り、中に綿を詰めます。側面
の布は輪に縫ってから二つに折り、綿を詰めて布端を
縫い閉じ、ドーナッツ状にします。輪の中に厚紙の中
底を入れます。底は布の周囲を縫い縮め、台紙をくる
みます。109頁の写真2〜5の要領で組み立てます。

ばらの針刺し

直径5cmの小さな針刺しですから、小さなお針箱や、携帯用裁縫セットに入れておくのにぴったりです。

制作／水口婉子

2

三角形の角を順に重ねて五角形にし、周囲をぐし縫いします。

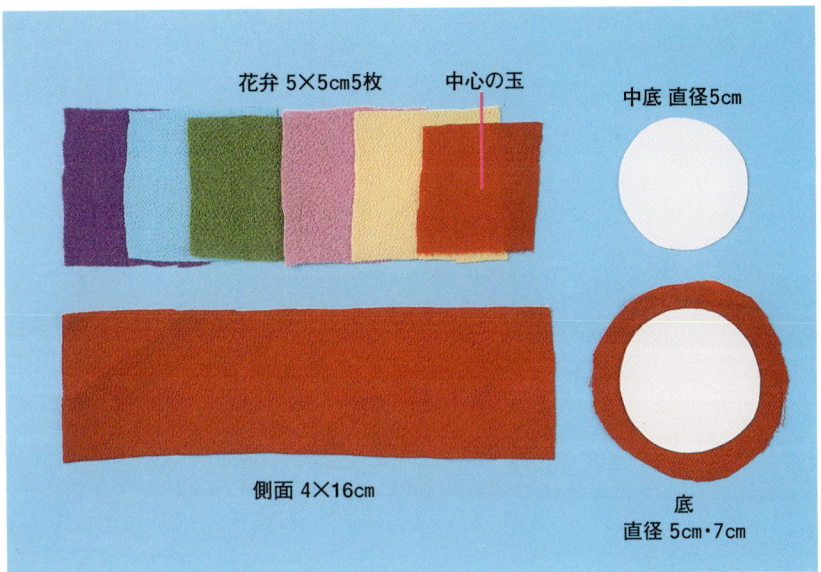

花弁 5×5cm5枚　　中心の玉　　　中底 直径5cm

側面 4×16cm

底
直径 5cm・7cm

3

中央に玉をはめ込み、側面の輪に入るよう糸を引きしめます。

4

目打ちを使って、側面を輪の中にはめ込みます。

1

中底

側面

底

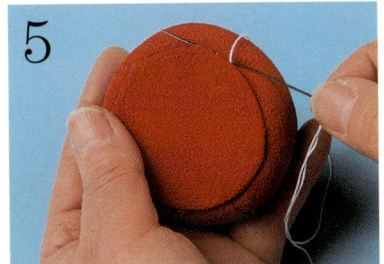

5

側面に布でくるんだ底を当て、まわりをかがります。

みかんの針刺し

ぷくぷくした実がとても愛らしいみかんの針刺し。冬の茶の間に、さりげなく飾っておくのもしゃれています。

2—中心は中に綿を入れて直径0.5cmに丸く縫い絞り、実に貼りつけます。

3—皮は1枚ずつ表と裏を中表に合わせ、まず周囲を縫い合わせ、布を開いて、表同士、裏同士を縫い合わせます。

4—表に返し、中心の穴のまわりを縫い絞ります。

5—葉を30頁の椿の葉の要領で2枚縫い、針金を入れます。

6—へたは梅形の台紙を布でくるみます。葉2枚をはさんで、底に接着剤で貼ります。

7—皮の中に実をはめ込みます。

●材料
縮緬（オレンジ、緑） 接着芯 綿 厚紙 26番の針金

●布の裁ち方
皮と葉の縮緬は接着芯で裏打ちし、型紙どおり裁ちます。他は写真を参照。

●作り方
1—実の周囲をぐし縫いし、布の上に綿をたっぷり置き、糸を引きしめて丸くします。太めの糸で針を裏から中心に出して糸をかけ、次頁の要領で8分割します。

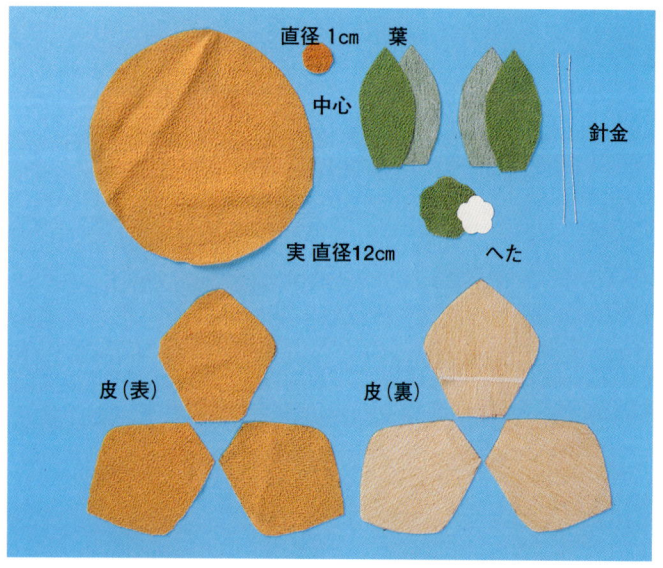

直径1cm 葉 中心 針金 実 直径12cm へた 皮（表） 皮（裏）

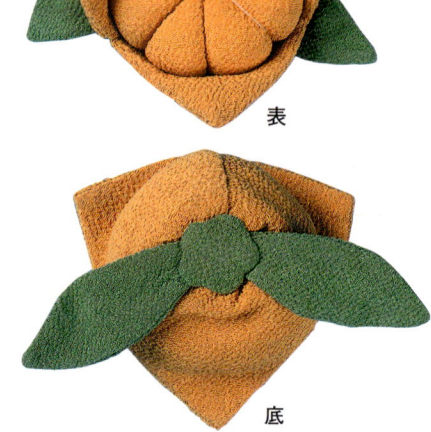

表 底

2

針を底から中心に出し、糸を外へかけて引きしめ、また、底から針を入れます。十字に糸をかけてから8等分に分割します。

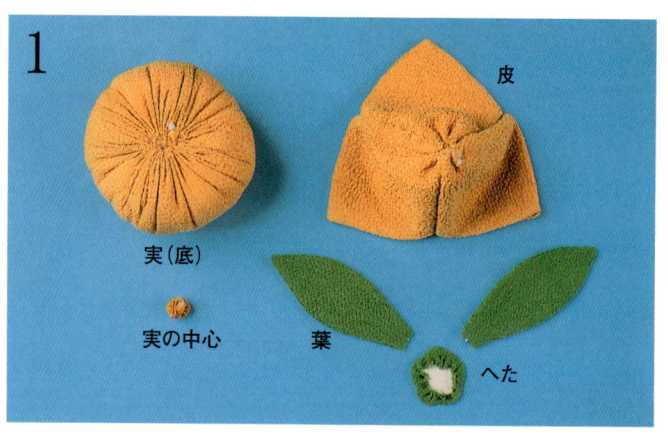

1

実（底） 皮 実の中心 葉 へた

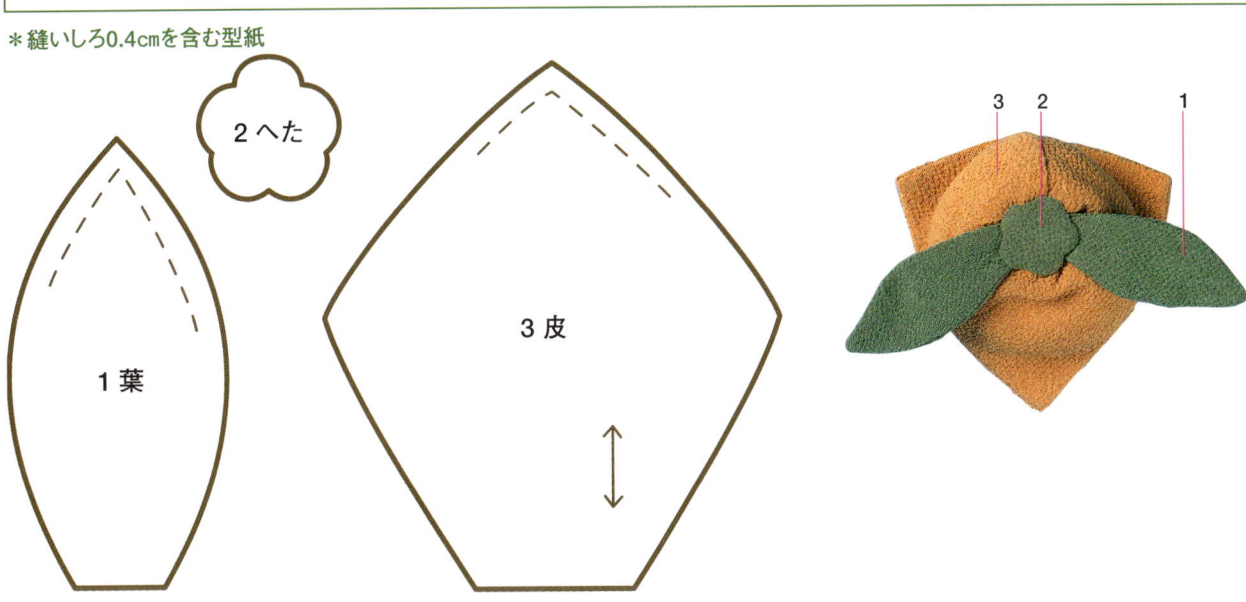

復元制作／水口婉子　原作／宮川すず

みかんの針刺しの型紙

＊縫いしろ0.4cmを含む型紙

2 へた

1 葉

3 皮

3　2　1

ききょうの針刺し

おりん布団（仏具）の作り方を応用して作りました。中心の布と、側面の布の色を変えると、中心に5弁の花が開いたような模様ができ、美しい針刺しになります。

●作り方

1——花の布を5枚ずつ縫い合わせ、縫いしろを一方向に倒します。

2——2枚の花の布の間に側面の布をはさみ、返し口を残して、袋にします。

3——表に返し、綿を入れて詰め口を閉じます。

4——中心に太めの糸をつけた針を突き通し、糸を強く引きしめてくぼませます。

5——104頁の要領で糸の房を作り、しべに見立てて中心につけます。

●材料

縮緬（花用、側面用）　綿　絹糸

●布の裁ち方

5×5cmの正方形の布を、花用に10枚、側面用に5枚裁ちます。

布のつなぎ方

制作／須藤久美子　直径10cm

制作／須藤久美子

十字針箱 ──型紙114頁

ふたに針刺しのついた、高さが約9cmのコンパクトなお針箱です。ふたをはずすと、箱の側面が四つに開き、内側にはさみや針の包みがきっちりと収められるようになっています。最近では、かわいい色柄の化繊の縮緬が市販されていますから、手元に適当な着物地がない場合は、この布地を利用しましょう。本物の絹の縮緬より地厚なので、貼ったりする細工物にはぴったりの素材です。残りぎれが出たら、箱とおそろいの糸巻きや、貝づつみなどの小さなお細工物（120頁参照）を作ってみてはいかがでしょう。箱の内側は、ここでは木綿布を貼っていますが、のりしろの始末がらくな和紙を使うこともできます。

113

●作り方

1—製図どおりにボール紙を切り、ふたには切り込みを入れます。点線部分の内側に折り線をきっちりつけます。

2—ふたの角を、接着剤で貼り合わせます。ふたの側面に帯状の布6×26cmを巻きつけ、のりしろを上側に1cm、裏側に3cm折って貼りつけます。

3—ふたの裏に赤い布を貼ります。

4—針刺しは、底の台紙に綿をのせ、赤い布でくるみ、のりしろを裏で始末します。

5—ふたに針刺しを貼りつけます。

6—箱は十字のボール紙を布に当ててから、のりしろ1cmをつけて布を裁ちます。

7—内底に四角の布を当て、角と中央の四角を裁ち落して、貼りつけます。

8—のりしろに切り込みを入れ、折って紙に貼りつけます。

9—中側面4枚と底の台紙に赤い布を当ててくるみ、のりしろを貼りつけます。

10—帯の台紙に布を巻きつけて貼ります。側面の中央0.5cm両側に切り込みを入れ、帯を差し込みます。

11—箱の内側に中側面と中底を貼りつけ、でき上がりです。

切ったり貼ったりするだけで、縫わずにできる裁縫箱です。小さいので手軽に作れます。きれいな仕上がりにするには、厚紙はカッターを使って正確に切ること、のりしろがでこぼこしないよう接着剤を薄くつけること、余分なのりしろの重なりは切り取ることなどです。

●材料

着物地30×30cm　木綿(赤)25×25cm　厚手のボール紙30×25cm　綿　接着剤

開いたところ

十字針箱の型紙

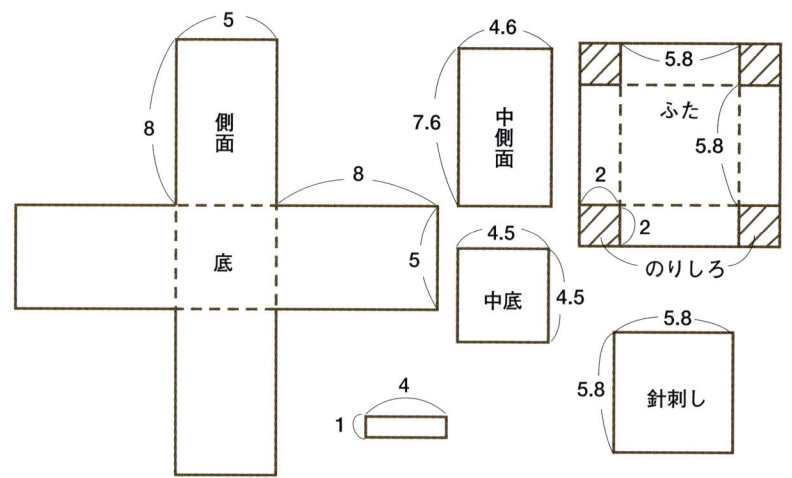

針刺し

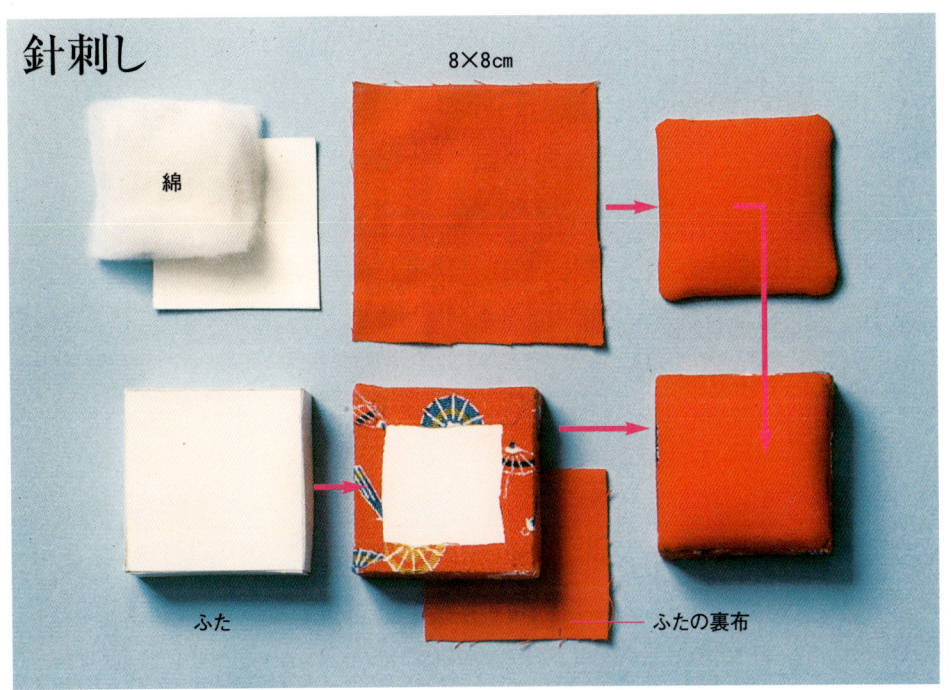

綿

8×8cm

ふた

ふたの裏布

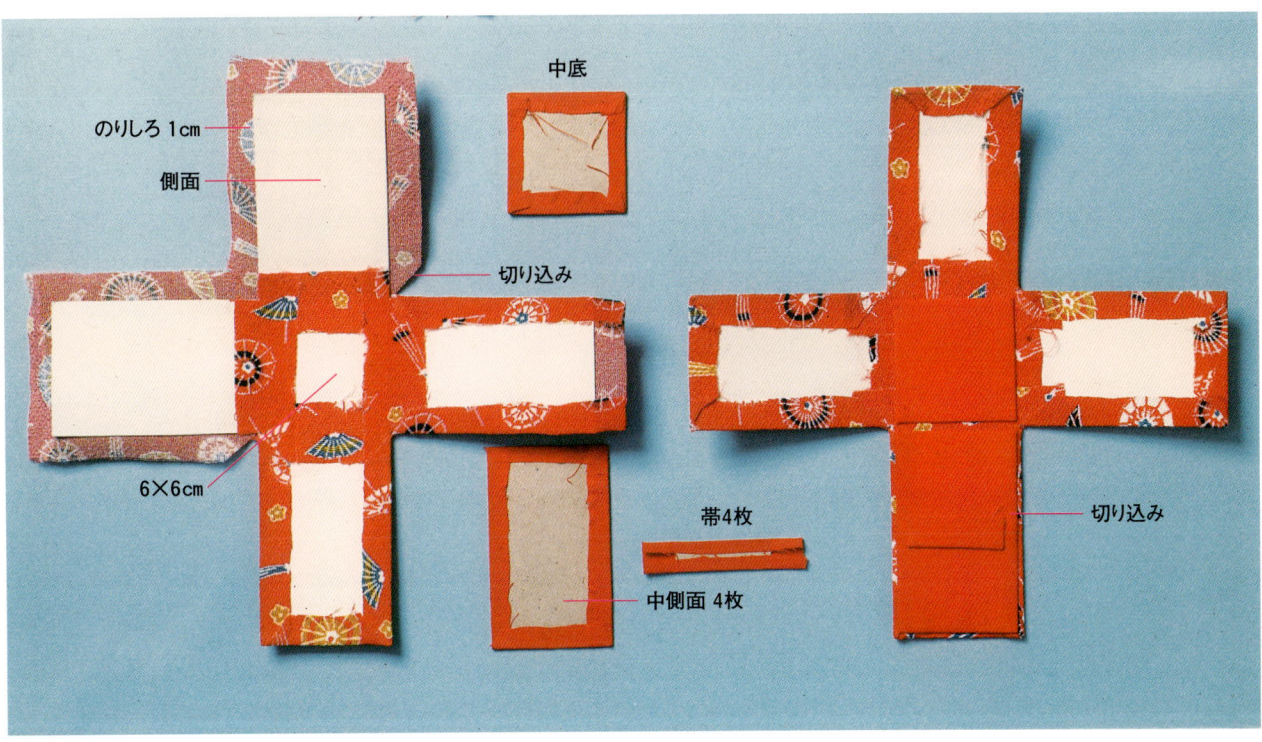

のりしろ 1cm

側面

中底

切り込み

6×6cm

帯4枚

中側面 4枚

切り込み

背守り入りの手箱

白と赤の縮緬を効果的に貼った箱です。中に入っているのは背守り。背後から忍び寄る悪霊から子どもを守るためのお守りです。背は身を守る大切なところなので、背縫いがない子どもの着物の背に縫いつけられました。夜なべの針仕事に、母親はせっせと手を動かしながら、わが子の行く末の無事を祈ったことでしょう。

所蔵／藤井美術民芸館
幅11cm×長さ19cm×高さ2.5cm

押し絵の小箱

押し絵はいわば布のレリーフ。江戸大奥の女中たちの間で流行したというその技は、手から手へと伝承され、明治、大正時代には女性のたしなみの一つとして普及したといいます。

押し絵の華麗な絵模様は、針と糸を使う縫い物とはちょっと違った趣があり、華やいだ押し絵の小箱に、えもいわれぬ美しさと秘めごとを感じます。

ぽたん

宝袋

鯛

子どもの後ろ姿

所蔵／末吉千代子　扇の小箱＝幅10cm

夢小箱

色とりどりの縮緬（ちりめん）にくるまれた6個の華麗な小箱は、101頁でご紹介した指抜きといっしょに、桐の箱に納められていたものです。元の持ち主だった田村君子さんは明治44年生れ。京都の新京極にある老舗（しにせ）のお嬢さんで、女学校でのお裁縫の成績はいつも一番だったそうです。

その頃作られたこれらの小箱には、娘時代の夢や思い出がいっぱいしまわれていたことでしょう。東京へ嫁がれてからも大切にされていました。君子さんの作品は東京大空襲を奇跡的にまぬがれたそうです。全国的に現存する戦前のちりめん細工の作品は少なく、貴重な資料といえます。

117

押し絵の作り方

押し絵の小箱の基礎

押し絵は、羽子板に見られるような、レリーフ状のふくらみのある布の絵です。江戸時代には大奥の女性たちの間で、手すさびとして流行しました。明治になってから女子の学校で貴重な手芸のひとつとされましたが、欧風手芸に押されて次第にすたれました。この本でご紹介した昔の押し絵細工は、ため息の出るほどみごとなものばかりですが、ここでは、現代風に手軽にできる押し絵の作り方を解説します。気に入った箱が見つかったら、布でくるんで押し絵を飾ってみてはいかがでしょう。

●作り方

1——花や鳥などの下絵を描き、それを細かい部分に分け、重なり部分を加えて型紙にし、厚紙で切り抜きます。

2——型紙にのりをつけて綿をかぶせ、型どおり切ってふくらみをつけます。

3——布を型紙よりひとまわり大きく裁ち、型紙をくるみます。のりしろは裏へ折り返して型紙の縁に貼りつけます。角には切り込みを入れ、カーブはのりしろを縫い縮めるとぴったりとくるめます。

4——これらの部分を下絵にならって、奥にあるものから順に重ねて組み立て、土台の箱の上に接着剤で貼りつけます。

1

3

2
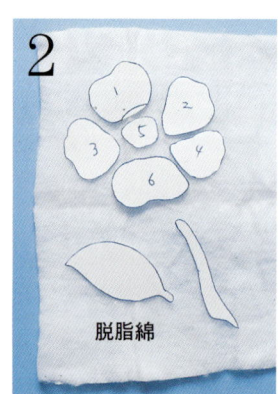

脱脂綿

制作／須藤久美子

所蔵／藤井美術民芸館

B

A

源氏六角小箱

この六角箱のおもしろさは、十二単衣（ひとえ）の紫式部の押し絵をほどこし、香道の源氏香（げんじこう）の模様を組み合わせてあるところで、作者の教養のほどがしのばれます。源氏香は香の組み合わせの名を源氏五十四帖からとっており、Aの左の記号は源氏香模様の梅枝（うめがえ）かと思われます。右の記号は東屋（あずまや）。「あづまやのあまりにも……」のくだりの絵柄とともに表わしています。Bの左は蜻蛉（かげろう）、とんぼの絵柄。左は総角（あげまき）。「よりあわで……」のくだり。ひもの結び方でもある総角を、この箱の房結びにもってきたところに作者のしゃれを感じます。もう一つの箱は幅が４㎝、手前のさるやお守り袋は豆粒大のごく小さなものです。

実物はほぼこの大きさです。

119

● 材料
ちりめん
縮緬　細い絹糸　つるし糸

● 作り方

1 ― 縮緬を4㎝角くらいの四角形に切りそろえて7枚用意します。

2 ― 布を¼の三角形に折り、角をまち針でとめておきます。

3 ― 7枚の両端の角に片方ずつ糸を通し、折り山側に糸をかけてしっかりとくくります。

4 ― くくった両端を指で合わせるように持ち、布の角をつまんで順に回転するように返していきます。

5 ― 絹糸を5本合わせて太めの針に通し、中心に3往復刺して根元を一結びし、長さを切りそろえて房にします。

6 ― つるしひもをつけます。

糸は下側へはかけないようにする

布の花

小さなお細工物

昔の人は、布をとても大切にしました。着物地は何度も洗い張りをし、つくろって仕立て直されたり、小さな物に作り変えられました。ほんのわずかな残り布でさえ、お細工物の材料にしました。災いを遠ざけるお守り、縁起物の根付け、貝つづみの人形……物を大切にする先人の知恵と心を受け継ぎたいものです。

制作（4種とも）／水口婉子

● 材料

貝殻　縮緬　薄絹（黄）　綿　ビーズ　つるしひも

● 作り方〈にわとり〉

1— 貝殻に合わせて胴の布を一まわり大きく裁ちます。貝に薄く綿を当て、布のまわりを縫い絞って包みます。

2— とさかと尾は布を四角形に裁ち、三角形に折って布端を縫い縮めます。

3— くちばしとあごは布を三角形に折りたたみ、根元を糸でとめます。

4— 2枚の貝を合わせ、2、3とつるしひもをはさみ、胴の合わせ目をかがります。

5— 目を貼りつけます。

〈ひよこ〉

羽は133頁のくちばしの要領で薄絹を折りたたみ、ピンセットではさんで半分の幅に切り、切り口に接着剤をつけて胴に貼ります。

ひよこ

羽　羽

．．目

＿口

胴

にわとり

尾

とさか

くちばし

あご　胴

災いが去る、病が去るという願いをこめて、昔は子どもたちの背守り（116頁参照）につけたりしました。

● 材料

縮緬　綿　つるし糸

● 作り方

1— 胴の布を正方形に裁ち、薄く綿を当てて4辺を順に中央へ折ります。

2— 折り山の中心を一針ずつすくって、

3— 糸を引きます。

4— 頭は布に丸めた綿を入れててるてる坊主に作り、

5— 胴の中央におきます。

6— 四つ角に糸を通して角を中央に集め、その糸をつりひもにします。

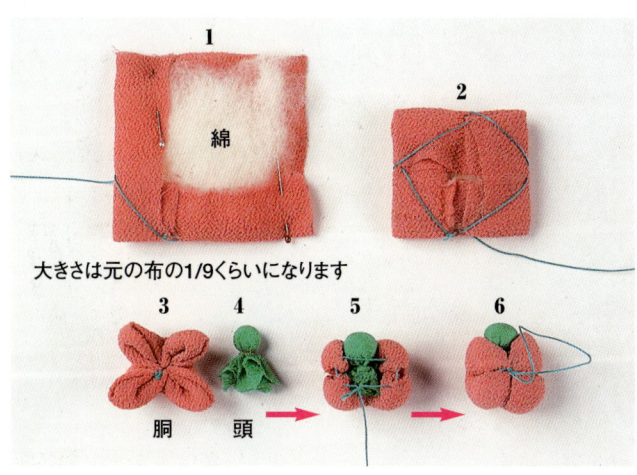

1

綿

2

大きさは元の布の1/9くらいになります

3　4　5　6

胴　頭

●材料

縮緬(柄物、白)　接着芯　綿　ビーズ
つるし糸

●作り方

1─縮緬を接着芯で裏打ちし、型紙に
　　0.3cmの縫いしろをつけて、背2
　　枚、腹1枚の布を裁ちます。

2─背の布2枚を中表に合わせ、背の
　　中心を縫い合わせます。

3─背と腹を中表に合わせ、脇に返し
　　口1cmくらいを残して細かく縫い
　　合わせます。背のくぼみに腹の布
　　の凸がくい込むようになります。

4─縫いしろの角に切り込みを入れ、
　　表に返します。

5─返し口から綿を詰め、口をかがり
　　閉じます。

6─足を脇にかがりつけ、ビーズの目
　　を縫い止めます。背につるし糸を
　　針で通してつけます。

お金が返る、うせ物が返る、
という語呂合わせから、
おさいふや小物入れなどの
根付けとして喜ばれる細工物です。
小さいながら、
3枚の布で立体的に仕上げます。

かえる

幅4cm

切り込み

目

背

腹

かえるの型紙

*縫いしろなしの型紙

1

2

貝人形

はまぐりの形を上手に利用して作った人形です。顔や胴を作る手間がいらず、布を下にあるものから順に貼りつけていくだけなので、裁縫が苦手な方にも簡単にできます。顔は先に胡粉またはポスターカラーを塗っておきます。くるんだ布は、端を貝の裏側へ貼りつけて始末します。

黒髪は和紙を鉛筆を芯にして丸め、圧縮してしわを入れて伸ばします。髪は、貝を貼り合わせてから貼りつけます。

制作／林芳江

制作／須藤久美子

貝づつみ

お料理に貝を使ったら、貝殻は捨てずにとっておきましょう。ちりめん細工のわずかな残り布で、こんなにかわいい貝の飾りが作れます。布は貝より周囲1cm大きく裁ち、0・5cmくらいの縫いしろで丸くぐし縫いし、中に貝を入れて糸を引きしめ、しっかりと包みます。ひもを縫いとめ、二つの貝を合わせて千鳥かがりで合わせます。中に鈴や小石を入れると、音も楽しめます。

実物大型紙と応用作品の作り方

本書では、なるべく多くのお細工物を収録することを心がけました。そのため参考作品も多く、今となっては採寸ができないものがありますのでご了承ください。また、作り方は昔のままではなく、裏打ちに接着芯を使うなど、お裁縫の経験がない方にもできるよう、今の時代に合わせて作りやすく解説しています。お作りになる前には、必ずそれぞれの基礎の頁もごらんください。

● **布の寸法**…縦(布目の方向)×横で表記しています。

● **型紙**…縫いしろのない型紙と、縫いしろを含んでいる型紙(縫い線…が部分的に書き入れてある)があるので注意します。縫いしろは、作品によって0・3〜0・7cmにします。特に指定のないものは、縫いしろを0・4cmにします。

● **袋の内側**…内袋を入れる方法(11頁・85頁)と裏布をつける方法(26頁・79頁)があります。布は薄手のものを。

● **口べり布と内袋**…表袋ができてから寸法を確かめましょう。表示の寸法は縫いしろ0・4cmを含んだ裁ち切り寸法です。つけ方には、二つに折ってからつける内づけ(11頁・85頁)と、外づけ(27頁・35頁)があります。

● **綿**…布団用の青梅綿(中綿)か化繊綿を使います。

21頁の お宝お手玉の型紙

＊縫いしろなしの型紙

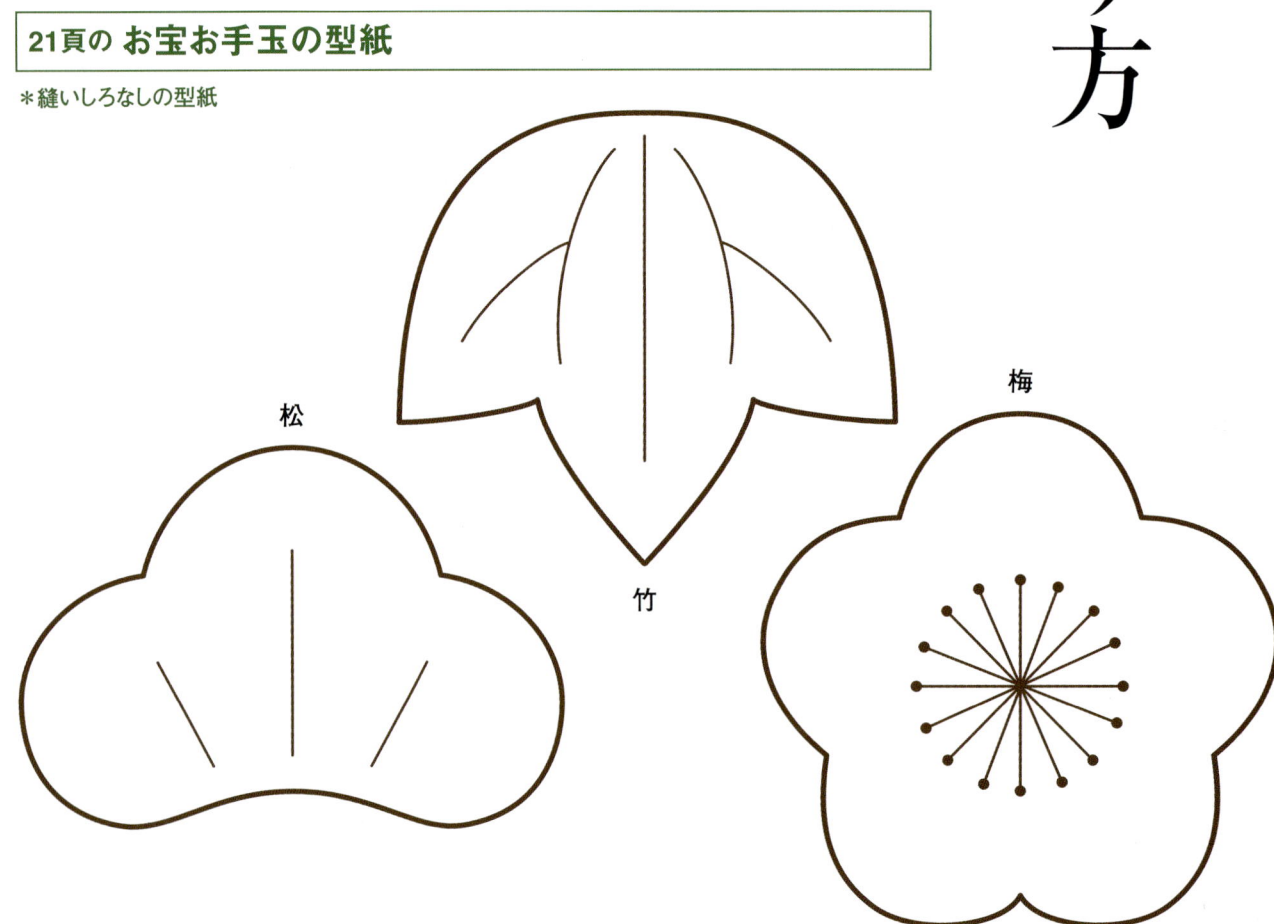

松

竹

梅

124

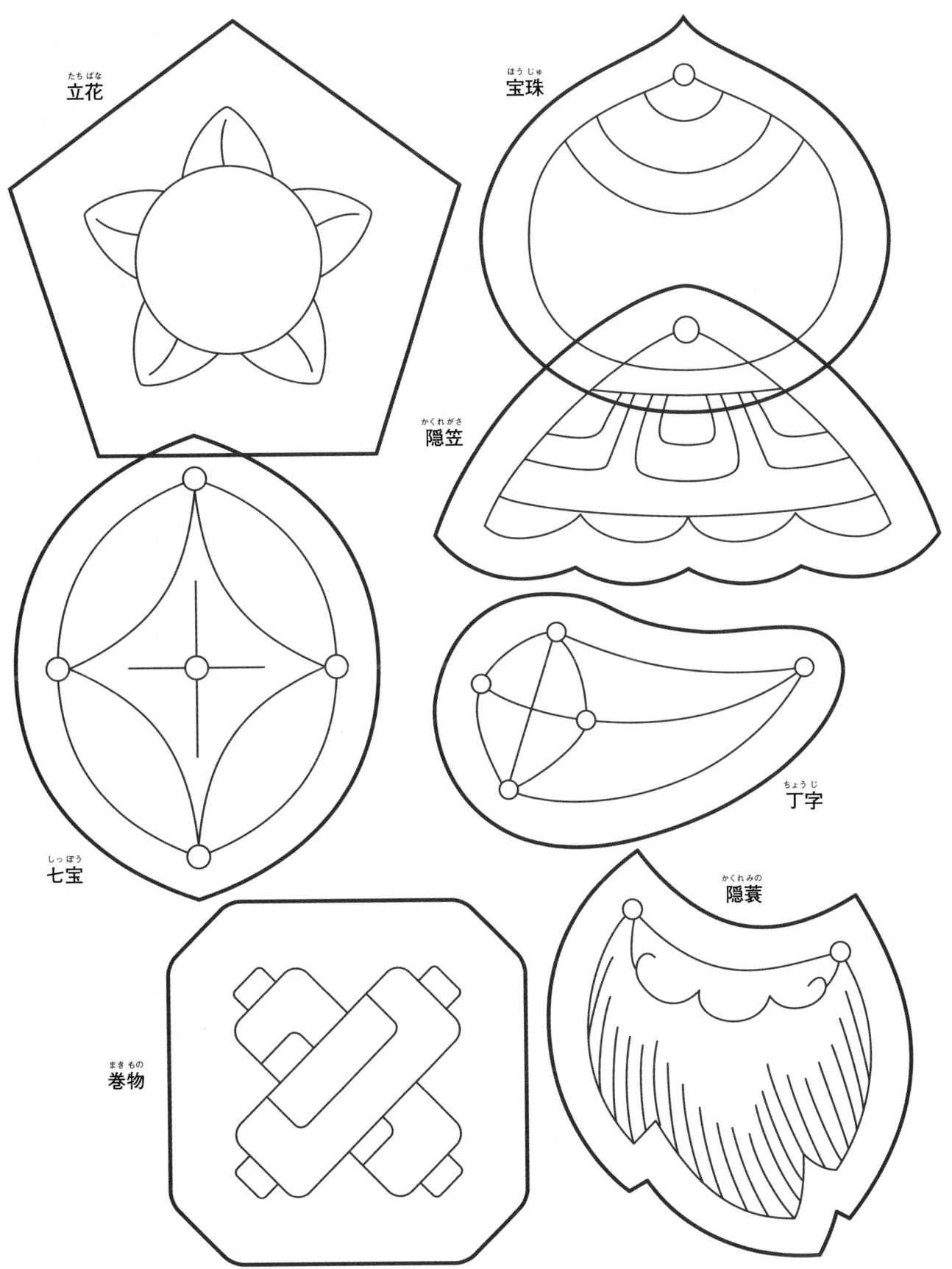

立花
たちばな

宝珠
ほうじゅ

隠笠
かくれがさ

丁字
ちょうじ

七宝
しっぽう

隠蓑
かくれみの

巻物
まきもの

24頁の 千鳥袋の作り方

＊縫いしろなしの型紙

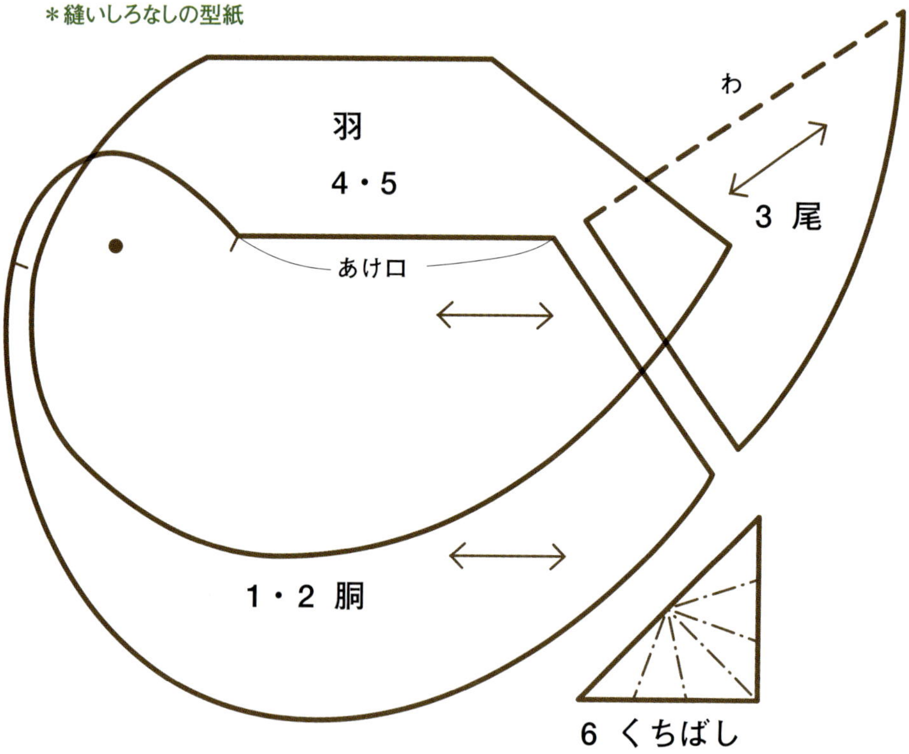

羽
4・5

わ

3 尾

あけ口

1・2 胴

6 くちばし

●布の裁ち方
1　胴の表布＝左右対称に2枚
2　胴の裏布＝左右対称に2枚
3　尾＝1枚
4　羽の表側＝左右対称に2枚
5　羽の裏側＝左右対称に2枚
6　くちばし＝三角形を折る
7　口べり布＝3×6.5cm 2枚

●作り方
26頁のおしどり袋とほとんど同じ作り方です。尾は1枚を二つ折りにします。

23頁の ほおずきのお手玉の型紙

＊縫いしろ0.5cmを含む型紙

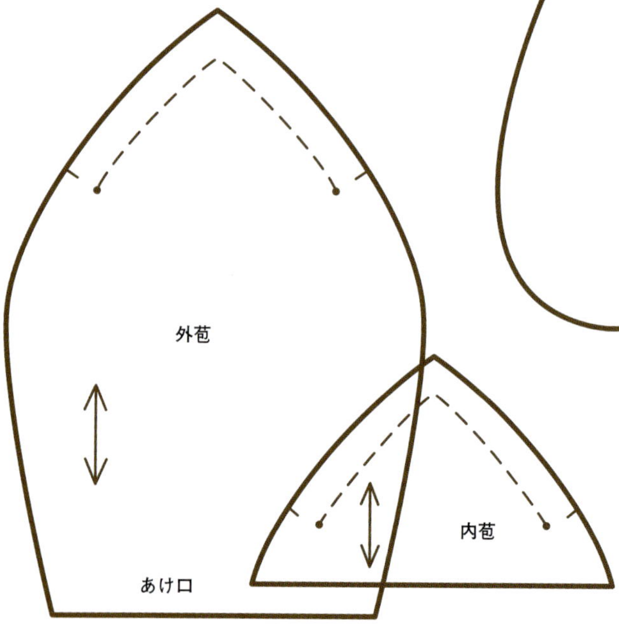

外苞

内苞

あけ口

29頁の 椿袋の型紙

＊縫いしろなしの型紙

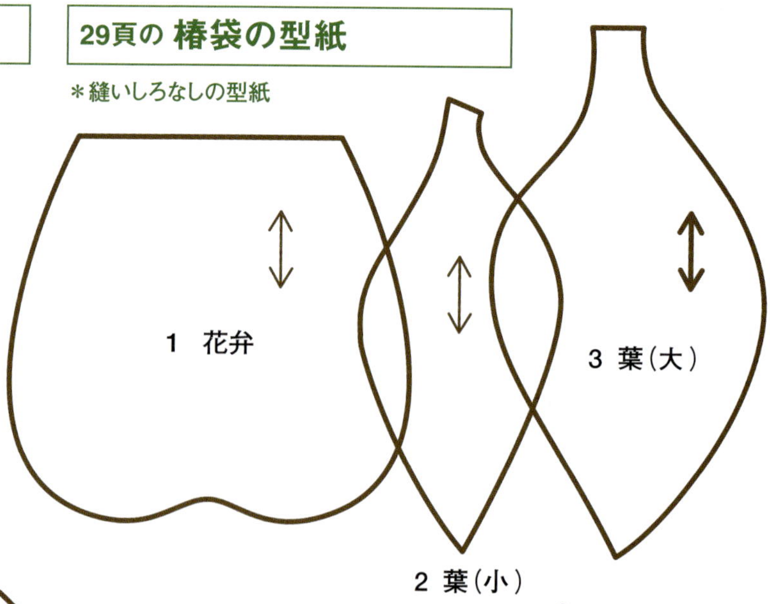

1 花弁

3 葉（大）

2 葉（小）

3

2

1

34頁の 梅袋の型紙

＊縫いしろなしの型紙

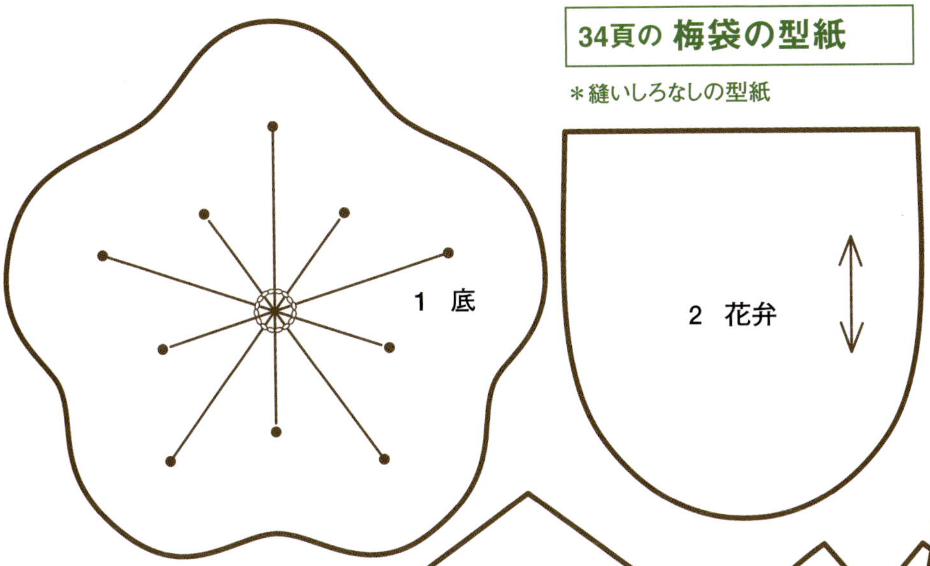
1 底
2 花弁

37頁の 桜袋の型紙

＊縫いしろなしの型紙

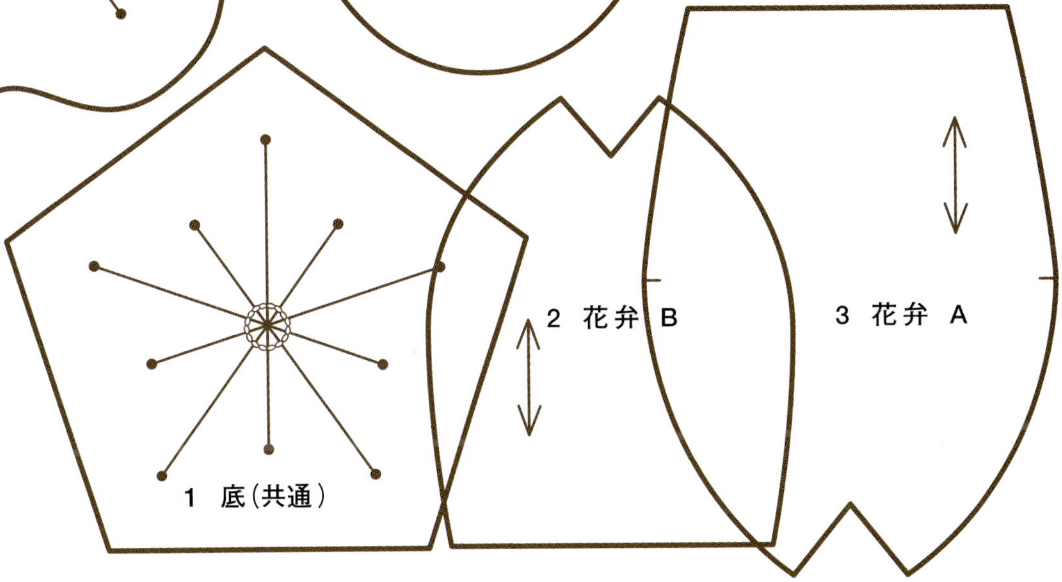
1 底（共通）
2 花弁 B
3 花弁 A

38頁の たこ袋（はちまき）の作り方

＊縫いしろなしの型紙

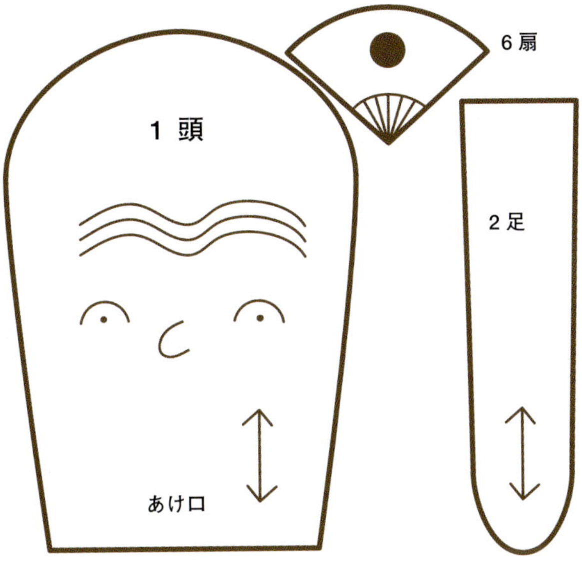
6 扇
1 頭
あけ口
2 足

●布の裁ち方

1 頭＝表と裏の布各２枚
2 足＝８枚
3 はちまき
4 口べり布＝2.3×５cm２枚
5 鼻＝耳布５×0.7cm

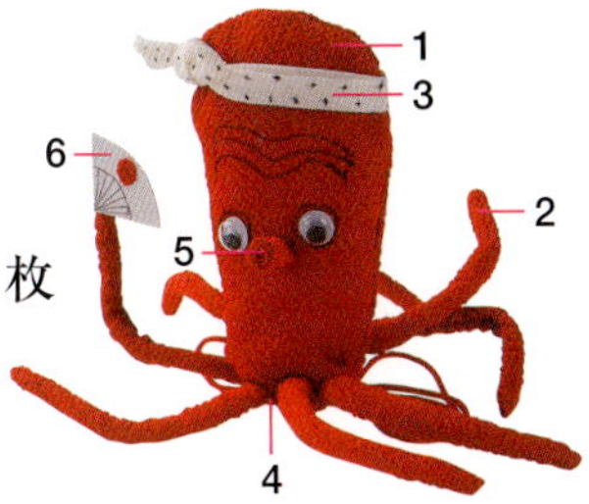
1
3
6
2
5
4

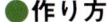

●作り方

26頁のおしどり袋の要領で作ります。頭は表布と裏布を重ねて四つ縫いにし、表に返します。足の縮緬(ちりめん)は裏打ちせず、二つに折って細かく縫います。このとき曲線のところで糸を引っぱっておくと、綿を詰めたときに表情が出ます。あけ口に８本の足を仮どめをし、口べり布を外づけします。目は人形用の目を貼りつけます。鼻は布を巻いて縫いとめます。

38頁の 鯛袋の作り方

＊縫いしろなしの型紙

●布の裁ち方

1　頭＝左右対称に２枚
2　胴＝左右対称に２枚
3　裏布＝頭と胴をつないで２枚
4　えら＝1.3×5.1cm ２枚
5　尾＝２枚
6　背びれ＝３×20.8cm
7　口べり布＝2.3×6.2cm ２枚

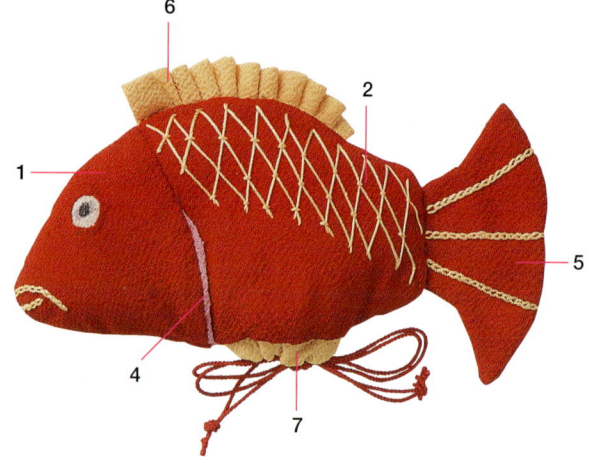

●作り方

1　胴にうろこ模様の刺しゅうをします。
2　えらの布を二つ折りにして頭につけ、胴と縫い合わせます。
3　尾と口の刺しゅうをし、目を貼ります。
4　尾を２枚合わせてつけ根を残して縫い、表に返します。
5　背びれは裏打ちせず二つに折り、片ひだをとって胴に中向きにしつけでとめます。
6　尾も中向きにしつけでとめます。
7　口べり布の両端を始末して、二つに折ってあけ口に置き、胴の表布と裏布ではさんで縫います。
8　79頁のうさぎ巾着の要領で、胴を仕上げます。
9　ひもを通します。

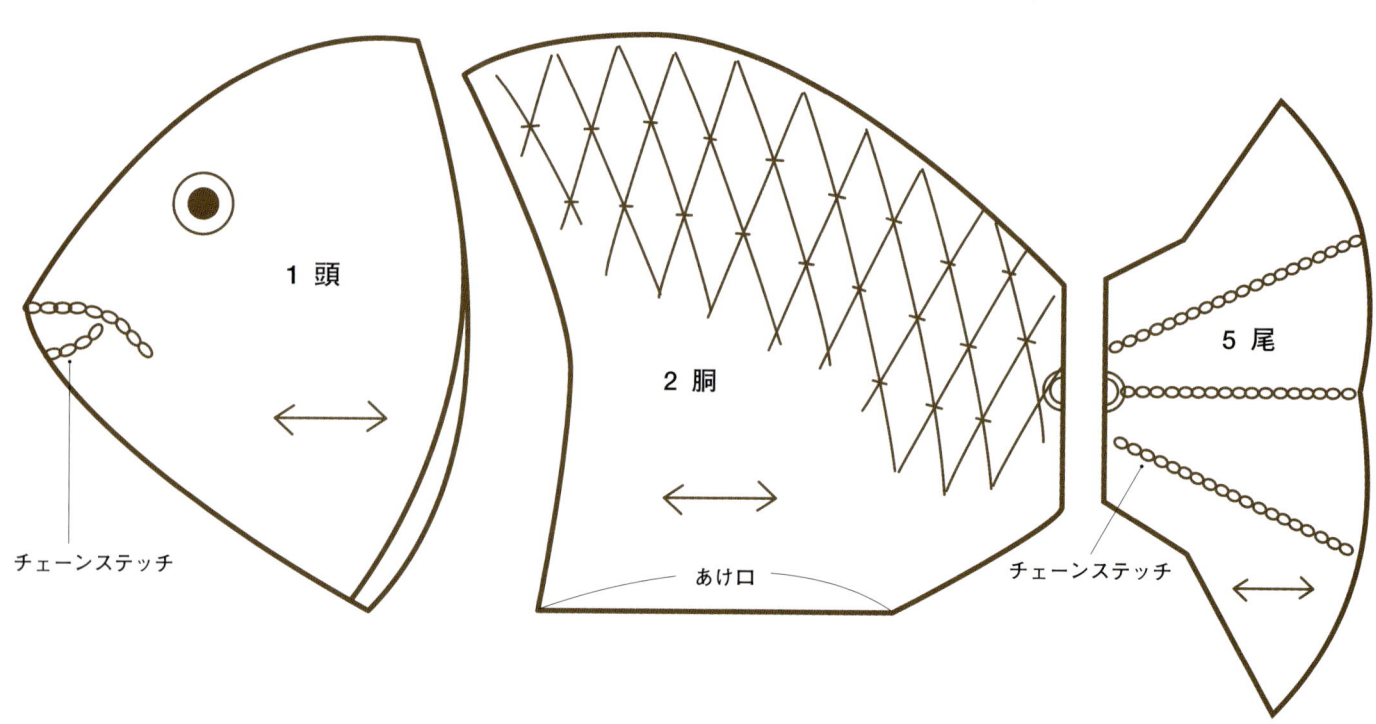

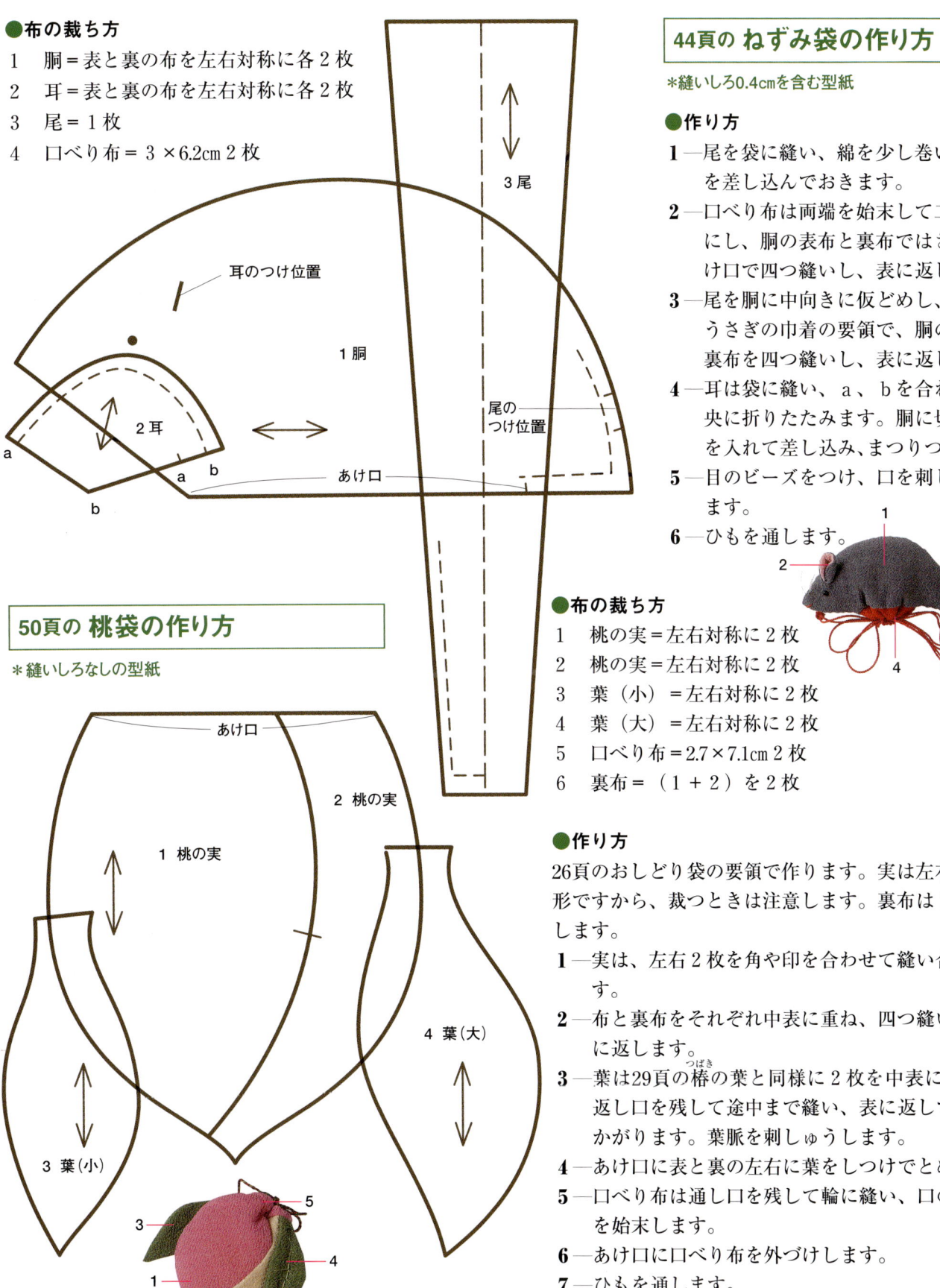

●布の裁ち方
1　胴＝表と裏の布を左右対称に各2枚
2　耳＝表と裏の布を左右対称に各2枚
3　尾＝1枚
4　口べり布＝3×6.2cm 2枚

耳のつけ位置

3 尾

1 胴

尾の
つけ位置

2 耳

a

b

a　b

あけ口

44頁の ねずみ袋の作り方

＊縫いしろ0.4cmを含む型紙

●作り方
1―尾を袋に縫い、綿を少し巻いた針金を差し込んでおきます。
2―口べり布は両端を始末して二つ折りにし、胴の表布と裏布ではさんであけ口で四つ縫いし、表に返します。
3―尾を胴に中向きに仮どめし、79頁のうさぎの巾着の要領で、胴の表布と裏布を四つ縫いし、表に返します。
4―耳は袋に縫い、a、bを合わせて中央に折りたたみます。胴に切り込みを入れて差し込み、まつりつけます。
5―目のビーズをつけ、口を刺しゅうします。
6―ひもを通します。

1

3

2

4

●布の裁ち方
1　桃の実＝左右対称に2枚
2　桃の実＝左右対称に2枚
3　葉（小）＝左右対称に2枚
4　葉（大）＝左右対称に2枚
5　口べり布＝2.7×7.1cm 2枚
6　裏布＝（1＋2）を2枚

50頁の 桃袋の作り方

＊縫いしろなしの型紙

あけ口

2 桃の実

1 桃の実

4 葉（大）

3 葉（小）

●作り方
26頁のおしどり袋の要領で作ります。実は左右の違う形ですから、裁つときは注意します。裏布は1枚布にします。
1―実は、左右2枚を角や印を合わせて縫い合わせます。
2―布と裏布をそれぞれ中表に重ね、四つ縫いして表に返します。
3―葉は29頁の椿（つばき）の葉と同様に2枚を中表に合わせ、返し口を残して途中まで縫い、表に返して残りをかがります。葉脈を刺しゅうします。
4―あけ口に表と裏の左右に葉をしつけでとめます。
5―口べり布は通し口を残して輪に縫い、口のまわりを始末します。
6―あけ口に口べり布を外づけします。
7―ひもを通します。

5

3

4

1

2

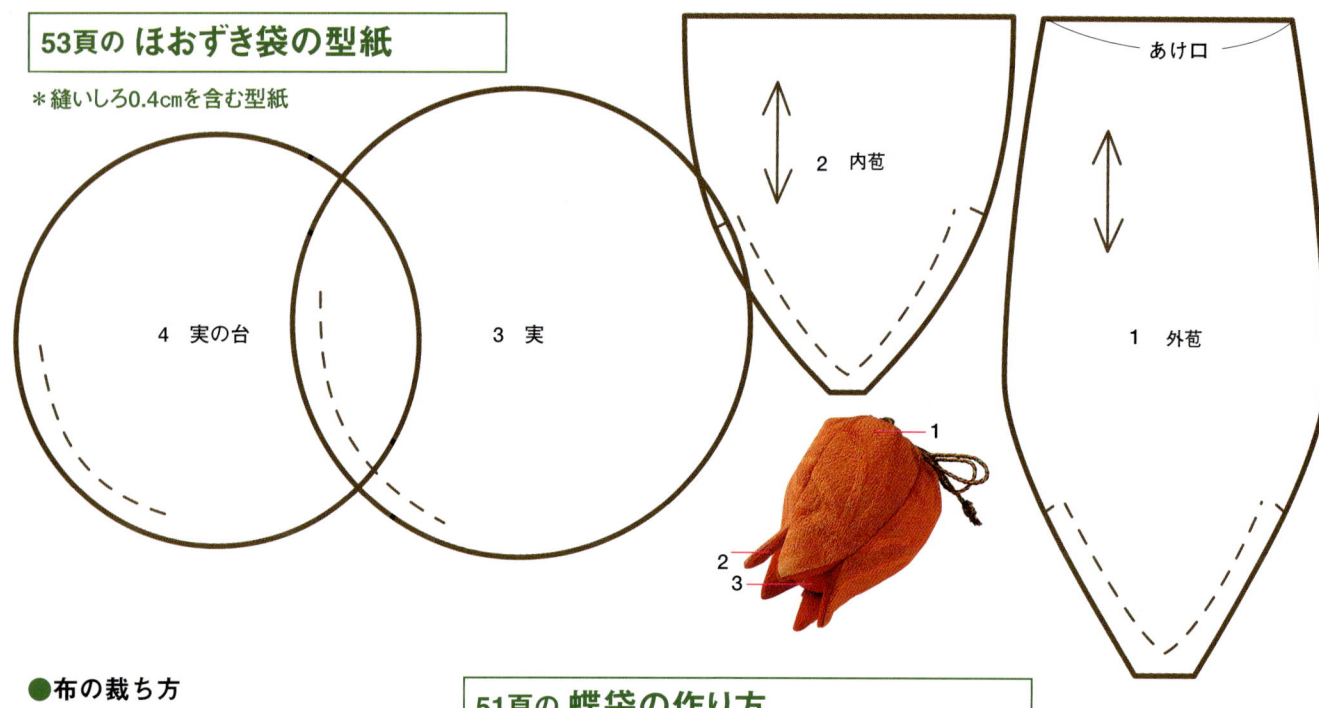

53頁の ほおずき袋の型紙

＊縫いしろ0.4cmを含む型紙

4 実の台

3 実

2 内苞

1 外苞

あけ口

●布の裁ち方

1　胴の表布＝左右対称に2枚
2　胴の裏布＝左右対称に2枚
3　底＝表布と裏布、台紙各1枚
4　羽の表側＝左右対称に2枚
5　羽の裏側＝左右対称に2枚
6　口べり布＝3×7cm 2枚

●作り方

底に台紙を入れます。3枚仕立ての袋の中をきれいに仕上げるには48頁の金魚袋のようにしますが、ここでは、中に縫いしろが出る簡単な作り方をご紹介します。

1—羽は左右の裏と表を、中表に合わせて縫います。角や丸がきれいに出るよう、切り込みを入れて表に返します。

2—胴は表布と裏布をそれぞれ中表にして重ね、前と後ろを四つ縫いにして筒状にします。

3—底の厚紙を表布と裏布ではさみ、まわりにしつけをかけます。

4—胴の周囲と底を縫い合わせ、3枚仕立ての袋に作ります。

5—あけ口に羽をしつけでとめ、27頁の要領で、口べり布を外づけします。

6—ビーズの目を縫いとめ、すが糸を頭に通してひげをつけます。

7—ひもを通します。

51頁の 蝶袋の作り方

＊縫いしろなしの型紙

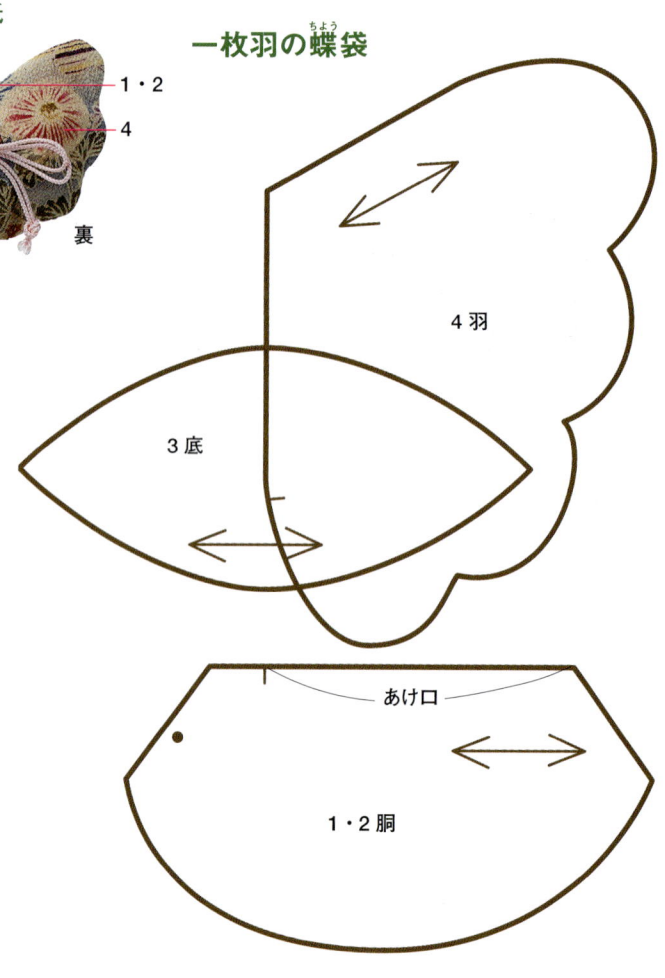

一枚羽の蝶袋

4 羽

3 底

あけ口

1・2 胴

せみ袋（小）

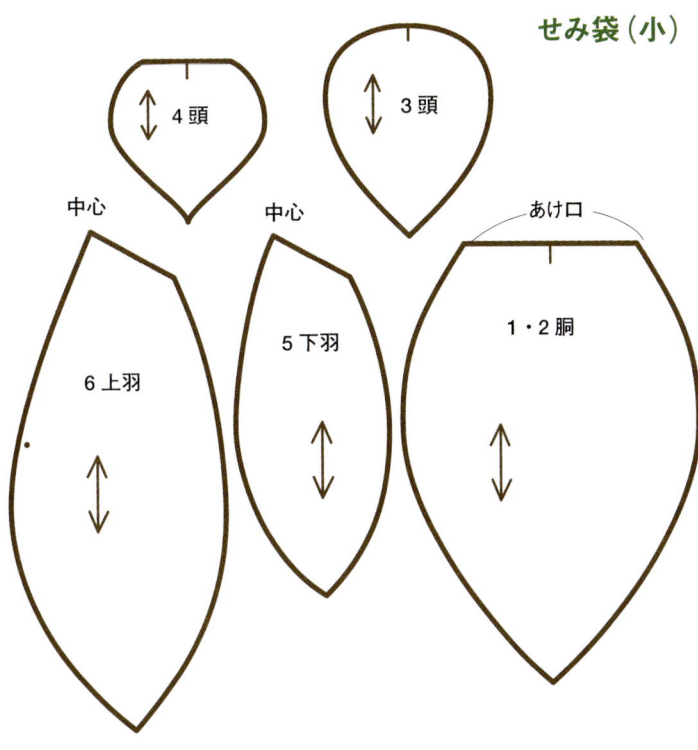

4 頭

3 頭

中心 6 上羽

中心 5 下羽

あけ口 1・2 胴

● **布の裁ち方**

1　胴の表布＝２枚
2　胴の裏布＝２枚
3　頭（下）＝２枚
4　頭（上）＝２枚
5　下羽＝左右対称に各２枚
6　上羽＝左右対称に各２枚
7　口べり布＝３×８cm

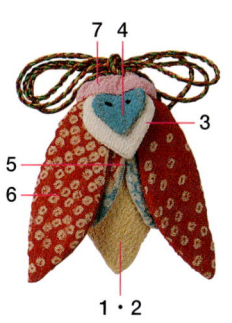

7　4
3
5
6
1・2

● **作り方**

26頁のおしどり袋と同じ要領で作ります。

1—胴は表布と裏布を中表に合わせて４枚重ね、あけ口を残して四つ縫いし、表に返します。

2—上羽と下羽を中表に合わせ、返し口を残して袋に縫い、表に返します。

3—口べり布を通し穴を残して輪に縫い、穴のまわりを始末して、あけ口に外づけします。

4—頭の布を袋に縫い、表に返して返し口をかがります。

5—羽の上に頭２枚を縫いつけ、目を糸で刺しゅうします。

6—ひもを通します。

51頁の せみ袋・54頁の 蝶袋の作り方

4枚羽の蝶袋

● **布の裁ち方**

1　胴の表布＝左右対称に２枚
2　胴の裏布＝左右対称に２枚
3　大羽＝左右対称に各２枚
4　小羽＝左右対称に各２枚
5　口べり布＝３×７cm２枚

● **作り方**

1—胴は表布と裏布をそれぞれ中表に重ねて、四つ縫いをして表に返します。

2—羽４枚をそれぞれ、返し口を残して袋に縫います。

3—胴のあけ口に羽をしつけでとめます。

4—口べり布２枚を通し穴を残して輪に縫い、穴のまわりを始末し、あけ口に外づけします。

5—目をつけます。

6—ひもを通します。

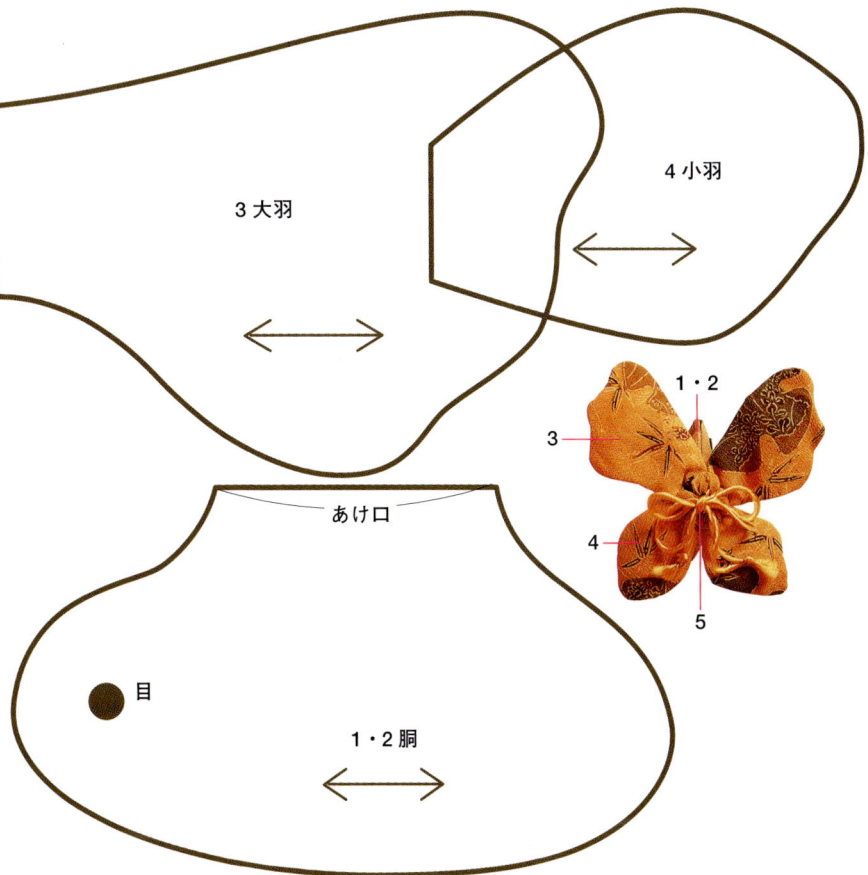

3 大羽

4 小羽

あけ口

目

1・2 胴

1・2
3
4
5

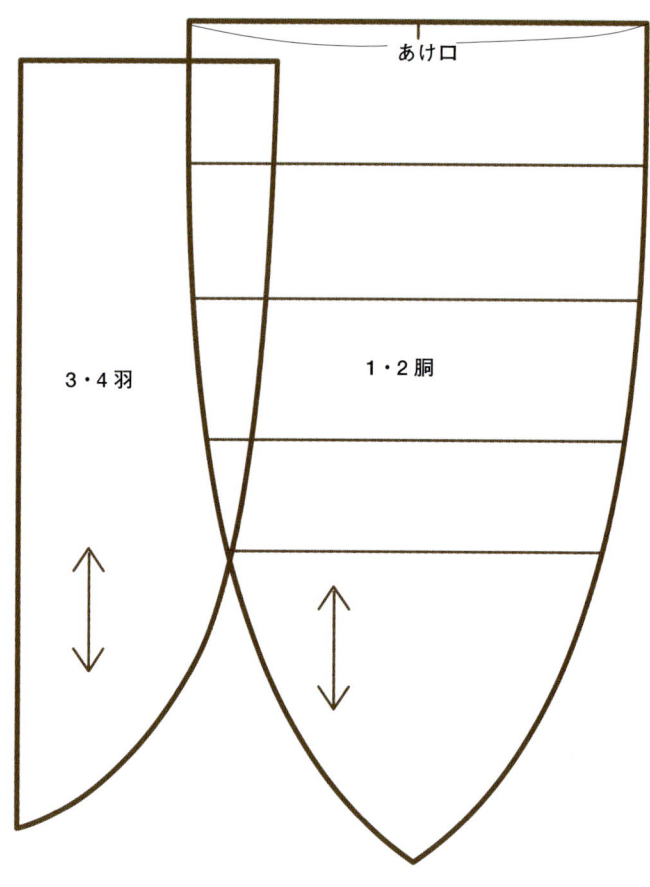

54頁の せみ袋の作り方　せみ袋（縞模様）

●布の裁ち方

1　胴の表布＝表側と裏側各1枚
2　胴の裏布＝2枚
3　上羽＝左右対称に各2枚
4　下羽＝左右対称に2枚
5　頭＝5×5cmを三角形に
6　口べり布＝4×7.2cm2枚

●作り方

1—胴の表側は段々に縫います。

2—裏側は1枚布にし、中表に縫い合わせて、表に
　　返します。

3—上羽は緞子や黒襦子などのしっかりした布で二
　　枚仕立てにし、下羽ははりのある芯地を利用し
　　て2枚を裁ち切ります。

4—頭は正方形の布を三角形に折ります。

5—胴の中央に合わせて、左右に下羽と上羽を置き、
　　その上に頭を置いてしつけで仮どめをします。

6—口べり布の両端を始末し、1枚ずつ外づけと同
　　じ要領でつけます。

7—目を描き、ひもを通します。

本書で使った刺しゅうの技法

◎ フレンチナッツステッチ（玉結び）

糸を出したところに針を当て、糸を2～3回巻きつけ
て針を抜き、抜いた針をそのきわに戻し入れます。人
形の目などによく使う刺し方です。

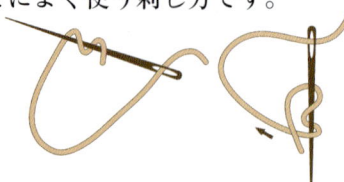

◎ コーチングステッチ

太い糸を図案どおり線上にはわせ、別の糸で同じ間隔
にとめます。糸は1色にする場合と2色にする場合が
あります。couchは「伏せる」の意味です。

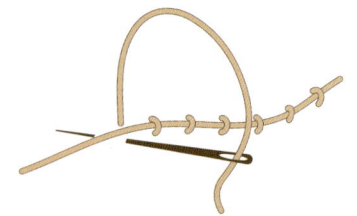

◎ チェーンステッチ（輪縫い）

針を出したきわから針を入れ、一針すくって糸をかけ
て針を抜きます。これを繰り返して鎖（チェーン）の
ような線を描きます。

◎ アウトラインステッチ

線の模様を描きたいときなどに使います。針の向きと
逆の後ろ向きに、針足を少しずつ重ねながら縫い進み
ます。その糸の重ね方で、線が太くも細くもなります。

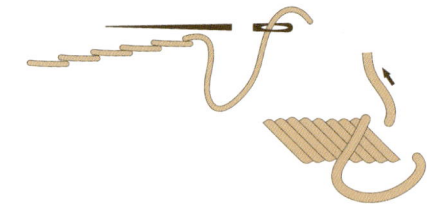

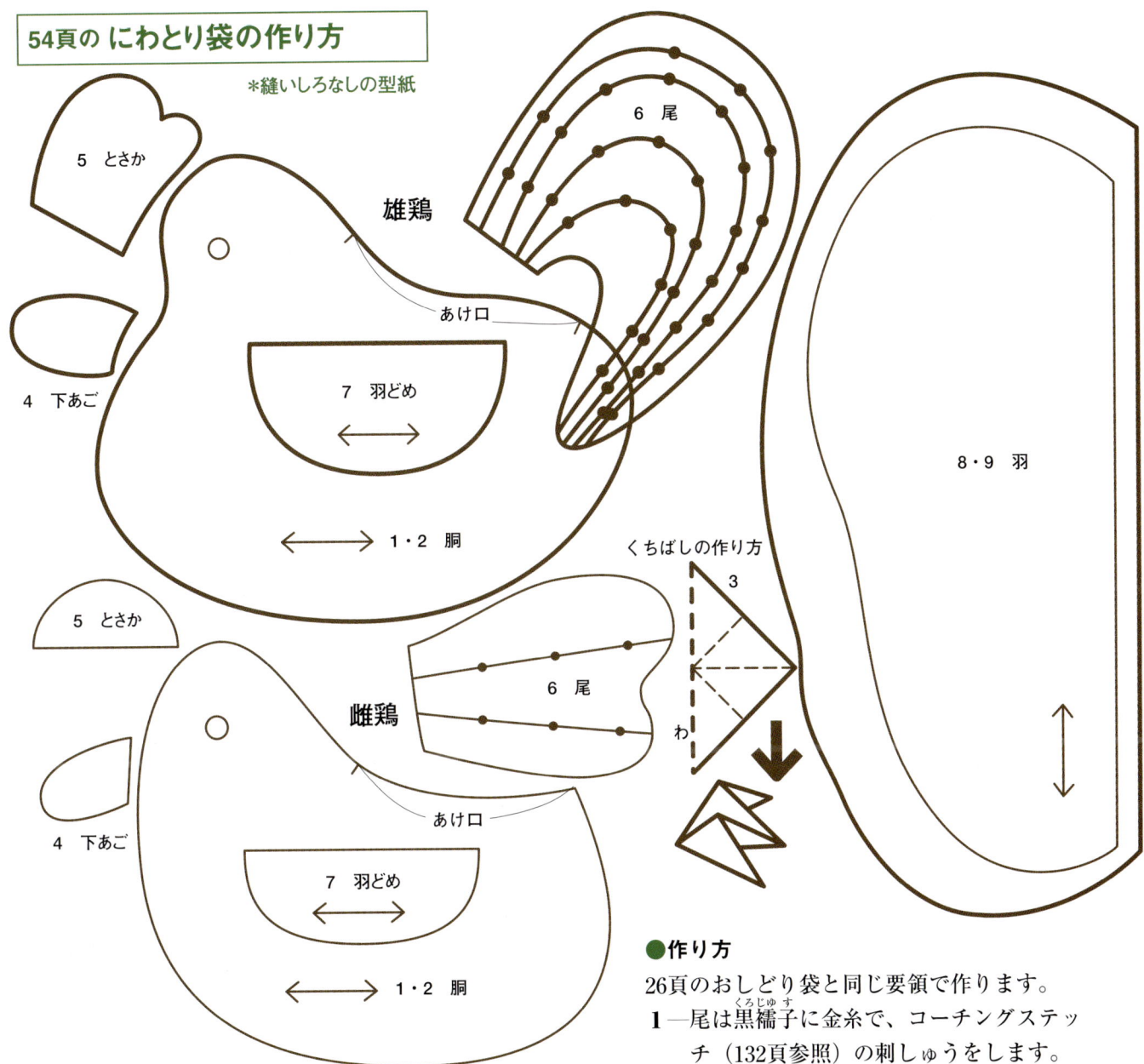

54頁の にわとり袋の作り方

＊縫いしろなしの型紙

5　とさか

雄鶏

あけ口

4　下あご

7　羽どめ

1・2　胴

6　尾

5　とさか

雌鶏

あけ口

4　下あご

7　羽どめ

1・2　胴

6　尾

くちばしの作り方

3

わ

8・9　羽

●布の裁ち方（雌鶏）

1　胴の表布＝左右対称に2枚
2　胴の裏布＝左右対称に2枚
3　くちばし＝1枚
4　下あご＝2枚
5　とさか＝2枚
6　尾＝2枚
7　羽どめ＝左右各2枚
8　羽の表側＝左右対称に2枚
9　羽の裏側＝左右対称に2枚
10　口べり布＝3×4.5cm 2枚

●作り方

26頁のおしどり袋と同じ要領で作ります。

1—尾は黒襦子に金糸で、コーチングステッチ（132頁参照）の刺しゅうをします。

2—とさかとあごは袋に縫い、くちばしは図のように三角形に折りたたみます。

3—羽は表と裏を縫い合わせてから7cm幅にひだをたたみ、羽どめの間にはさんで縫います。

4—各部分ができ上がったら、胴を中表に合わせ、とさか、口ばし、あご2枚、尾を中向きにはさみ、胴の裏布2枚を重ねて、あけ口を残してぐるりと縫います。

5—表に返し、羽をつけます。

6—あけ口を口べり布でくるみ、ひもを通します。

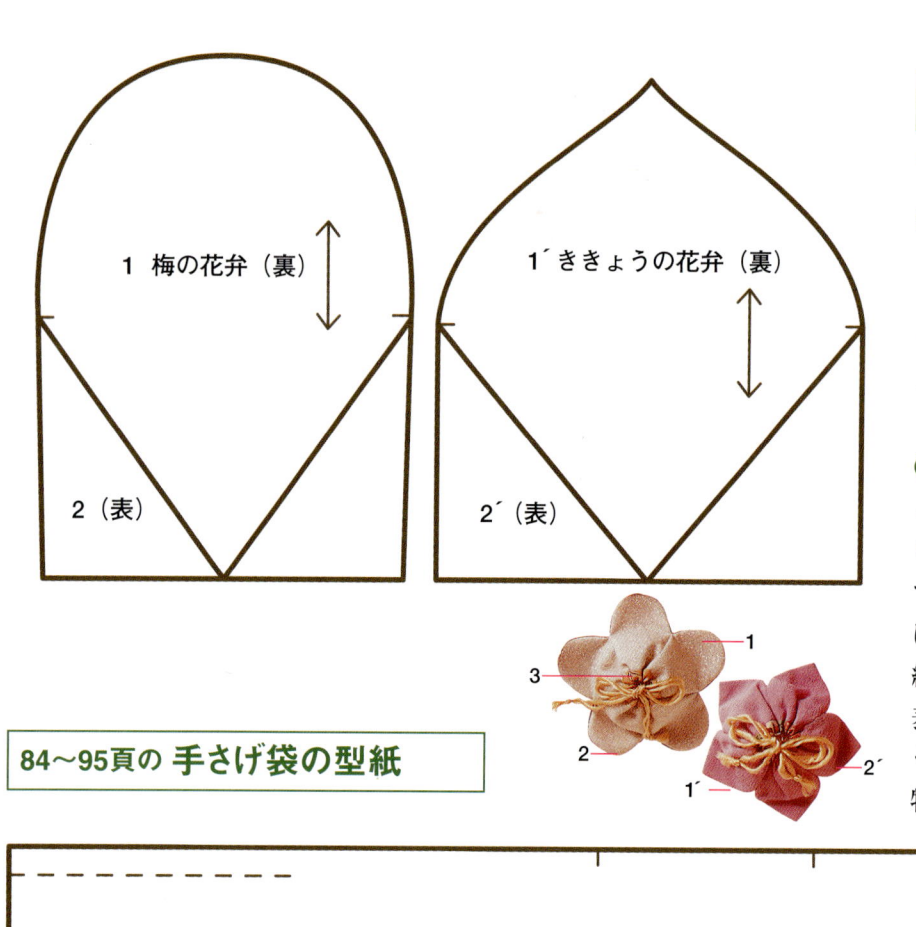

55頁の 花袋の作り方

＊縫いしろなしの型紙

●布の裁ち方（梅袋）
1　花弁（表）＝ 5枚
2　花弁（裏）＝ 5枚
3　口べり布＝ 3×13.8cm 2枚
4　内袋＝ 9×29cm

●作り方
4頁の基礎の桜袋と同じ要領で作ります。縫い止まりの印を合わせて、表花弁、裏花弁をそれぞれ輪に縫い合わせてから、花の周囲を縫い合わせます。桜袋に比べると、表の花弁が直角に立ち上がったような形になるので、あけ口が広く、物がたっぷり入ります。

1　梅の花弁（裏）

2　（表）

1´　ききょうの花弁（裏）

2´　（表）

3

1

2

1´

2´

84〜95頁の 手さげ袋の型紙

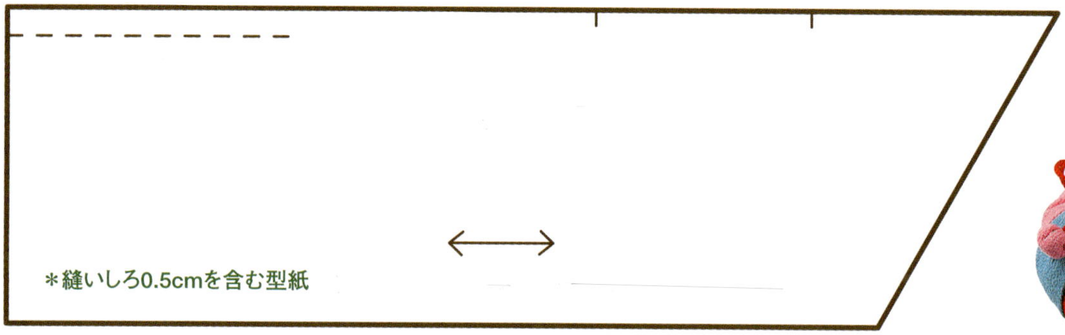

＊縫いしろ0.5cmを含む型紙

84頁の風船袋

87頁の七宝袋

D
B
A
C

A

B

D

C

＊縫いしろなしの型紙

134

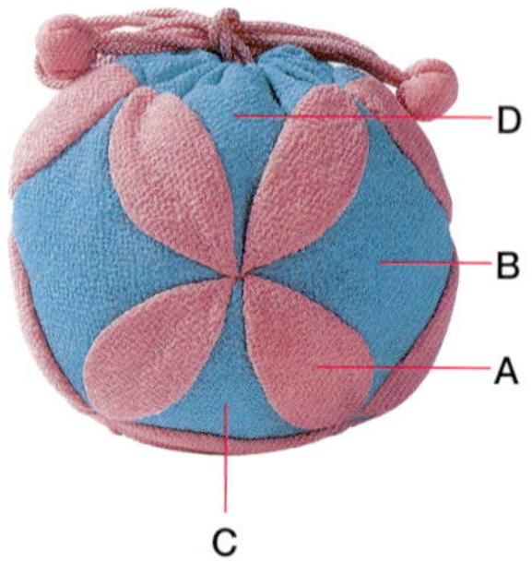

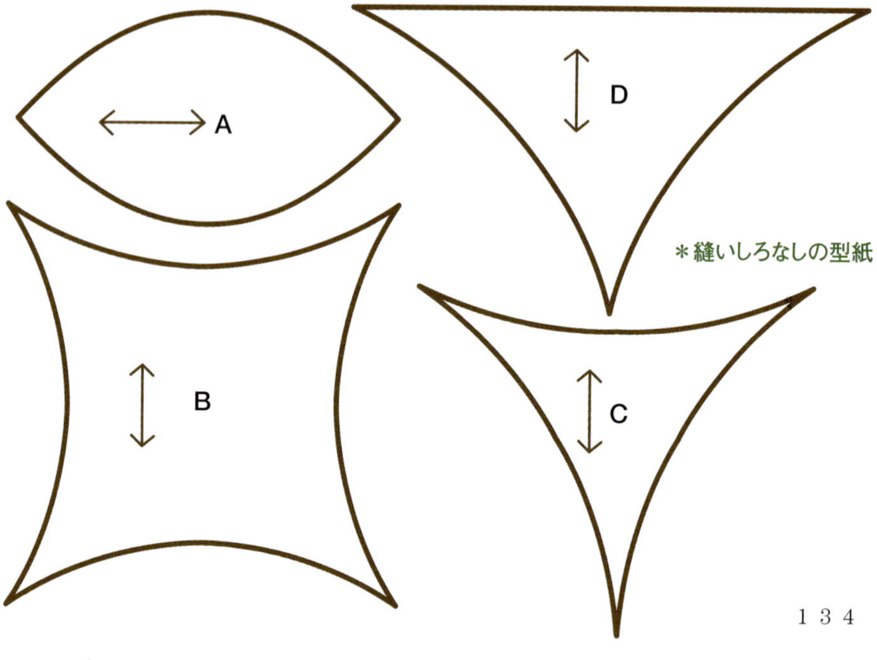

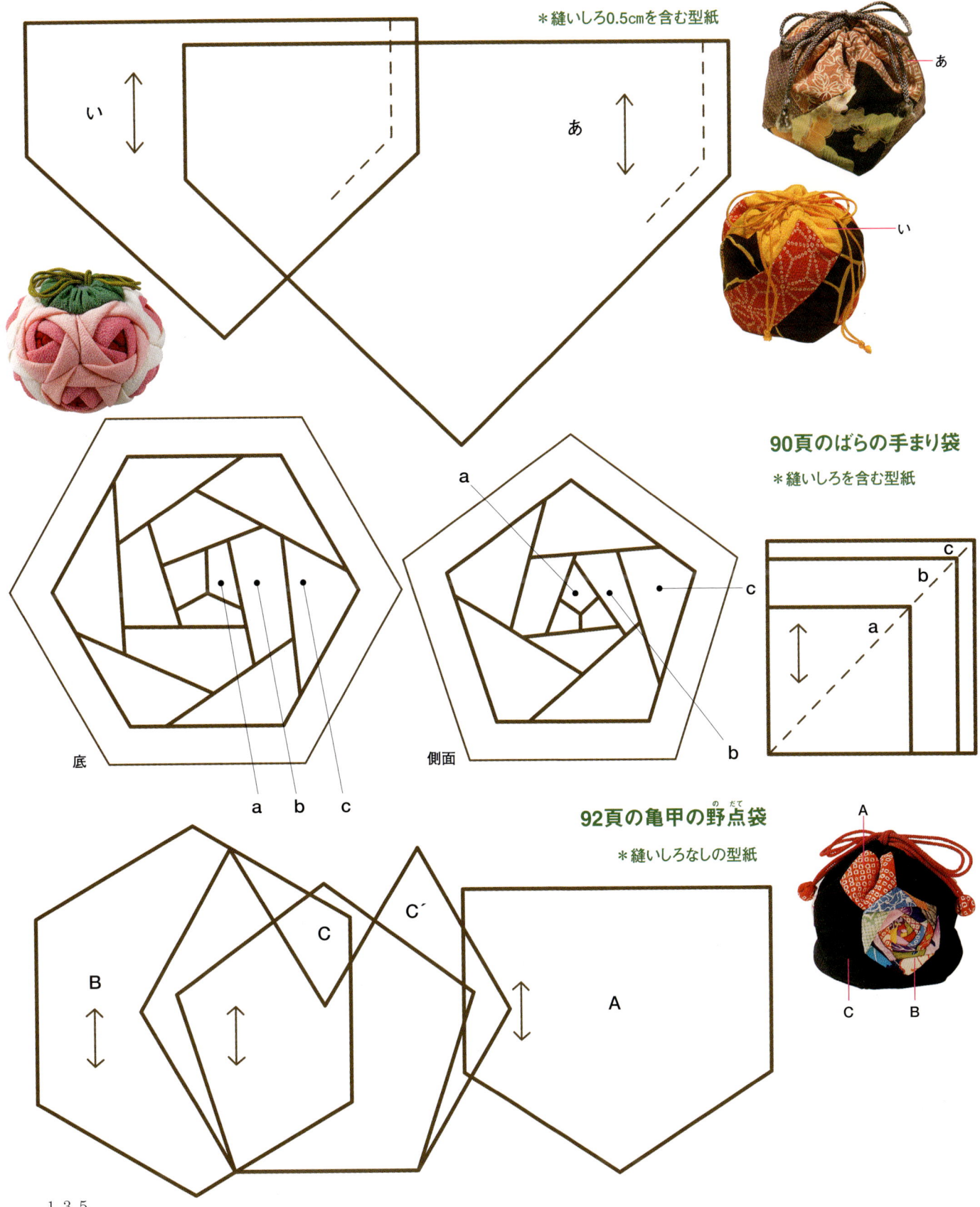

94頁の四合わせ袋／95頁のねじ袋・斜め格子袋（共通）

＊縫いしろ0.5cmを含む型紙

あ

い

90頁のばらの手まり袋

＊縫いしろを含む型紙

c
b
a

底

側面

a b c

a
b
c

92頁の亀甲の野点袋

＊縫いしろなしの型紙

A
B
C

A

B

C

C´

作品の制作者・所蔵者ご紹介

水口婉子さん

三重県上野市在住。教員生活の後、縮緬のお細工物のおもしろさに魅了され、その研究に励まれている。縁あって、宮川すずさんが残された明治、大正のお細工物と巡り会われ、4年の歳月をかけて復元。今回その一部を、ご自身の作品とともに発表していただいた。

須藤久美子さん

アメリカ在住の手芸家。本書の作品は東京で手芸家として活躍しておられた頃のもの。昔のお細工物を現代的に再現していただいた。

林芳江さん（故人）

横浜在住の頃、『伝承の小裂細工』の本で、古くからお宅に伝わる琴爪入れや、お手玉の作り方などをご教示いただいた。

宮川すずさん（故人）

本書の琴爪入れ、人形袋、巾着などの原作者。手芸百般に精通し、明治、大正、昭和の3代にわたって和裁や手芸の教育に携わられた。日本の手芸の先駆者であり、婦人発明家でもあった。

國分綾子さん

随筆家。お細工物など昔の女性の手仕事に関心が深く、本書ではお手玉や這い這い人形などについて解説していただいた。かつて京都に長く住まわれていた。

藤井美術民芸館

岐阜県高山市三之町にある私設美術館。飛騨地方の民具などに混じって、明治、大正期の押し絵細工や袋物なども展示している。

協力

村上千鶴代／井村嘉代子／北島幾代
末吉千代子／エキグチクニオ

デザイン　石山智博
編集　　　吉野啓子
撮影　　　対馬一次

ちりめん細工
和の袋もの飾りもの

平成21年6月5日　第1版第1刷発行

監修　　水口婉子
編集人　河﨑秀明
発行者　大山高次郎
発行所　株式会社 グラフ社
　　　　東京都渋谷区東1-26-26
　　　　〒150-0011
　　　　電話　03-3409-4610
　　　　振替　00120-5-55778
印刷所　中央精版印刷株式会社